English G 21

Grammar and Skills 1/2

Cornelsen

English G 21

Grammar and Skills 1/2
zu den Bänden 1 und 2
der Ausgaben A, B und D

Im Auftrag des Verlages herausgegeben von
Prof. Hellmut Schwarz, Mannheim

Erarbeitet von
Ursula Fleischhauer, Hannover;
Uwe Tröger, Hannover (Grammar)
und
Joachim Blombach, Herford;
Helmut Dengler, Limbach;
Birgit Ohmsieder, Berlin (Skills)

unter Mitarbeit von
Dr. Philip Devlin, Berlin;
Birgit Heinemann, Neu-Wulmstorf
sowie
Jennifer Seidl, München

Illustration
Roland Beier, Berlin

Fotos
action press, Hamburg (S. 68: 2Vista);
Rob Cousins, Bristol (S. 67);
Shutterstock, New York (S. 70 li.: kwest; re.: EcoPrint)

Titelbild
Roland Beier, Berlin (Papagei);
IFA-Bilderteam, Ottobrunn
(Union Jack: Jon Arnold Images)

Umschlaggestaltung
Klein & Halm Grafikdesign, Berlin

Layoutkonzept
Aksinia Raphael, Korinna Wilkes

Technische Umsetzung
Stephan Hilleckenbach, Berlin;
Ina Hillmann

www.cornelsen.de
www.EnglishG.de
Dieses Werk berücksichtigt die Regeln der reformierten Rechtschreibung und Zeichensetzung.

1. Auflage, 7. Druck 2014

Alle Drucke dieser Auflage sind inhaltlich unverändert und können im Unterricht nebeneinander verwendet werden.

Druck: Stürtz GmbH, Würzburg

ISBN 978-3-06-031977-0

Was enthält dieses Heft?

Wie du schon am Titel sehen kannst, besteht dieses Heft aus zwei Teilen:

- einem **Grammar**-Teil (S. 6–59)
- einem **Skills**-Teil (S. 60–77).

Im **Grammar**-Teil wird der Grammatikstoff der Klassen 5 und 6 erklärt.
Im **Skills**-Teil werden wichtige Lern- und Arbeitstechniken vorgestellt und erläutert.

(Mehr über den Skills-Teil erfährst du auf S. 60.)

Wie findest du, was du suchst?

1. Du kannst in den Inhaltsverzeichnissen nachschlagen:

- Auf den **Seiten 4–5** findest du das Inhaltsverzeichnis für den **Grammar**-Teil. Dort kannst du nachschlagen, wenn du ein bestimmtes grammatisches Kapitel suchst.
- Auf **Seite 60** findest du das Inhaltsverzeichnis für den **Skills**-Teil. Dort kannst du nachschlagen, wenn du Informationen zu einer bestimmten Lern- oder Arbeitstechnik suchst.

2. Du kannst im **Stichwortregister** auf den **Seiten 78–80** nachschlagen. Dort sind alle grammatischen Strukturen und auch einzelne wichtige englische und deutsche Wörter **alphabetisch** aufgelistet, und du siehst sofort, in welchen Abschnitten des Grammar-Teils du etwas zu deinem gesuchten Begriff findest.

Was bedeuten die Zeichen und Abkürzungen?

Die Ziffern und Buchstaben bei den Abschnitts-Überschriften sagen dir, wo dieses Thema in den verschiedenen Ausgaben* des Lehrwerks *English G 21* behandelt wird:

1: 5 / 2: 1	bedeutet Band 1, Unit 5 und Band 2, Unit 1 (alle Ausgaben)
A2: 2 • B2/D2: 5	bedeutet Band 2 der Ausgabe A, Unit 2, und Band 2 der Ausgaben B und D, Unit 5.
A2: **Extra** 6	Mit **Extra** ist Grammatikstoff gekennzeichnet, der nicht zum Pflichtstoff gehört.
▸ *Wortstellung: 4–8* ▸ *Mindmaps (p. 64)*	Der Pfeil ▸ verweist auf andere Abschnitte, in denen du weitere Informationen zum gerade behandelten Thema findest.

! Hier stehen Hinweise, die du besonders beachten solltest, um Fehler zu vermeiden.

K Das **K** steht für „Kontrast“.
Du findest es im Grammar-Teil immer dort, wo auf wichtige Unterschiede zwischen dem Englischen und dem Deutschen hingewiesen wird.

Am Ende der Abschnitte stellt dir Polly oft kleine Aufgaben.
Mit diesen Aufgaben kannst du überprüfen, ob du alles richtig verstanden hast.
Die Lösungen stehen auf den Seiten 58–59 (Grammar) und 76–77 (Skills).

* Wenn du nicht weißt, mit welcher Ausgabe von English G 21 du arbeitest, sieh mal oben rechts auf dem Umschlag deines Englischbuches nach.

Inhalt

Grammar

Der Satz (The sentence)

1 Satzarten (Sentence types)

Wie im Deutschen gibt es auch im Englischen verschiedene Arten von Sätzen:

Jack has got a parrot.
He feeds Polly every morning.
Polly is a great pet.

- Mit einem **bejahten Aussagesatz** *(positive statement)* sagst du etwas aus, zum Beispiel was jemand hat, was jemand tut, wie etwas ist.

Ananda hasn't got a sister.
She doesn't like football.
She isn't from London.

- Mit einem **verneinten Aussagesatz** *(negative statement)* sagst du aus, was jemand nicht hat, was jemand nicht tut, wie etwas nicht ist.

Can I see your parrot, Jack?

Where is Polly?

- Mit einem **Fragesatz** *(question)* stellst du eine Frage.
  Entscheidungsfragen *(yes/no questions)* sind Fragen, die du mit „Ja" oder „Nein" beantwortest.
  Fragen mit Fragewörtern *(questions with question words)* benutzt du z.B., um zu fragen, wo etwas ist, wer etwas tut oder wann etwas geschieht.

Jack, feed Polly now.
And don't forget to clean the cage.

- Mit einem **Aufforderungssatz** *(imperative)* forderst du jemanden auf, etwas zu tun oder nicht zu tun.

What a pretty parrot!

Oh no, not that dog again!

- Mit einem **Ausrufesatz** *(exclamation)* bringst du ein Gefühl zum Ausdruck, z.B., dass dich etwas begeistert, überrascht oder ärgert.

► *Wortstellung: 4–8*

Sieh dir die Sätze an. Welcher Satz ist ein Aussagesatz? Ein Aufforderungssatz? Ein Ausrufesatz?

1 Dan and Jo, feed your cats now, please.
2 Sophie feeds her dog every morning.
3 Oh no, not that dog again!

A Aufforderungssatz
B Ausrufesatz
C Aussagesatz

2 Haupt- und Nebensätze (Main clauses and subordinate clauses)

I can't play hockey today.
Jack is happy.
I know a great disco.

Dies sind einfache **Hauptsätze**.

Satzgefüge (Complex sentence)

Hauptsatz (Main clause)	Nebensatz (Subordinate clause)
I can't play hockey today	because I've got homework.
Jack is happy	when he can play with Polly.
I know a great disco	where you can dance all night.

Du kannst einen Hauptsatz mit einem **Nebensatz** verbinden – z.B., wenn du einen Grund angeben willst. Hauptsatz und Nebensatz bilden ein **Satzgefüge**.

► *Wortstellung in Nebensätzen: 7*

3 Satzglieder (Clause elements)

Subject	**Verb***	
Polly	is playing.	
My brother	can't swim.	
Subject	**Verb**	**Object**
Jack	is feeding	Polly.
Mrs Brown	can play	the piano.
Subject	**Verb**	**Complement****
Jack	is	nervous.
Shopping	can be	fun.
Subject	**Verb**	**Adverbial**
Ananda	lives	in Bristol.
School	starts	at 8.30.

Sätze bestehen aus mehreren Teilen. Diese Teile nennt man **Satzglieder** *(clause elements)*.

Das **Subjekt** *(subject)* bezeichnet die Person oder Sache, über die etwas ausgesagt wird.

Das **Prädikat** *(verb*)* und seine **Ergänzungen** sagen etwas über das Subjekt aus.

Ergänzungen können sein:

- ein **Objekt** *(object)*
- eine **prädikative Ergänzung** *(complement)***
- eine **Umstandsbestimmung**, auch **adverbiale Bestimmung** *(adverbial)* genannt, z.B. Orts- und Zeitangaben.

► *Wortstellung: 4–8*

Was sind die Subjekte, Objekte, Umstandsbestimmungen in diesen Sätzen?

1 The Kapoors have got a shop at 13 Paul Road.
2 Dilip helps his parents in the mornings.
3 Dan and Jo need new pencil cases for school.

* Mit dem Wort **verb** bezeichnet man im Englischen nicht nur die Wortart „Verb", sondern auch das Satzglied „Prädikat".

** Ein Adjektiv oder Nomen, das nach einer Form von *(to) be* steht, bezieht sich auf das Subjekt und wird daher als **(prädikative) Ergänzung zum Subjekt** *(subject complement)* bezeichnet.

Wortstellung (Word order)

4 Bejahte Aussagesätze (Positive statements)

Subject	Verb	Object
Polly	likes	bananas.
Ananda	can play	hockey.
Sophie	is eating	an apple.
Jack	has packed	his school bag.

Die wichtigste Wortstellungsregel im Englischen ist **S – V – O**:
subject – verb – object
(Subjekt – Prädikat – Objekt).

Das kannst du dir gut merken, wenn du an die **S**traßen**v**erkehrs**o**rdnung denkst.

Vermeide Unfälle – achte auf die Straßen-Verkehrs-Ordnung (SVO)!

K

Jack has packed his school bag.
Jack hat seine Schultasche gepackt.

Ananda can play hockey.
Ananda kann Hockey spielen.

Jo often plays football at the weekends.
Jo spielt am Wochenende oft Fußball.

When Jack comes home, he helps his dad.
Wenn Jack nach Hause kommt, hilft er seinem Vater.
At my school we've got a teacher from England.
An meiner Schule haben wir eine Lehrerin aus England.

- Auch bei zusammengesetzten Zeiten bleibt die Wortstellung **S – V – O**.
- Modalverb *(can)* und Vollverb *(play)* bilden eine Einheit und dürfen **nicht** durch ein Objekt *(hockey)* getrennt werden.
- Im Deutschen können Adverbien und Zeitangaben zwischen Prädikat und Objekt stehen. Im Englischen nicht!
- Das **Subjekt** steht **vor dem Prädikat**, auch wenn der Satz mit einer Zeit- oder Ortsangabe *(when Jack comes home; at my school)* beginnt.

5 Verneinte Aussagesätze (Negative statements)

Subject	Verb		Object
	Auxiliary + not	Main verb	
Polly	isn't	singing.	
Ananda	can't	play	football.
I	haven't	packed	my school bag.
Jack	doesn't	like	sports.

Auch in verneinten Aussagesätzen ist die Wortstellung **S – V – O**.

Das **Prädikat** *(verb)* eines verneinten Satzes besteht aus zwei Teilen:
- **Hilfsverb** *(auxiliary)* + ***not***
- **Vollverb** *(main verb)*.

K

I can't help you.
Ich kann dir nicht helfen.

Prunella doesn't like Emily.
Prunella mag Emily nicht.

- **Wortstellung in Aussagesätzen: S – V – O**
- **In verneinten Sätzen: Hilfsverb + *not* + Vollverb**

▸ *Verneinung im simple present (don't/doesn't): 14.2*
▸ *Verneinung im simple past (didn't): 16.2*

6 Fragesätze (Questions)

6.1 Entscheidungsfragen (Yes/No questions)

Auxiliary	Subject	Main verb	Object / Adverbial
Is	Sophie	working?	
Can	you	play	hockey?
Have	you	got	a pet?
Do	you	live	in England?
Does	Ananda	help	her parents?
Did	you	like	the film?

Entscheidungsfragen beginnen immer mit einem **Hilfsverb** *(auxiliary)*, dann folgt das Subjekt. Die Wortstellung ist also:
Auxiliary – S – V – … .

Vergleiche:

*Sophie **is** reading (a book).*	(Aussagesatz)
***Is** Sophie reading (a book)?*	(Frage)
*Ananda **likes** hockey.*	(Aussagesatz)
***Does** Ananda **like** hockey?*	(Frage)

K

Can Ananda play hockey? — Kann Ananda Hockey spielen?
Do you like pop music? — Magst du Popmusik?

▸ *Fragen im simple present (Do …? / Does…?): 14.2*
▸ *Fragen im simple past (Did …?): 16.2*

6.2 Fragen mit Fragewörtern (Questions with question words)

Question word	Auxiliary	Subject	Main verb	Object / Adverbial
What	are	you	doing?	
Who	can	we	ask?	
Why	can't	I	have	a pet?
What	have	you	got	in your school bag?
When	do	you	do	your homework?
Where	does	Sophie	live?	
Who	did	you	meet	in London?

Auch in Fragen, die mit einem Fragewort beginnen, steht ein Hilfsverb vor dem Subjekt. Die Wortstellung ist also:
Question word – auxiliary – S – V – … .

! Ausnahmen:
Fragen nach dem Subjekt

▸ *Fragen nach dem Subjekt: 6.3*

K

What **are** you **waiting** for? — Worauf **wartest** du?
Who **did** you **talk** to? — Mit wem **hast** du **geredet**?
Who **is** Polly **playing** with? — Mit wem **spielt** Polly gerade?

! Beachte:
Die Präposition bleibt im Englischen hinter dem Verb stehen – wie im Hauptsatz:
*Who did you **talk to**? – I **talked to** Dan.*

In Fragen:
***do/does/did* oder ein anderes Hilfsverb**

Bilde Fragen. Achte auf die richtige Wortstellung.

1 I live in Hamburg. (Where – you – live – do?)
2 Sophie is feeding her dog. (What – Jack – doing – is?)
3 Dan and Jo like football. (Ananda – Does – like football – too?)
4 I can play the piano. (you – too – Can – play the piano?)

6.3 Fragen nach dem Subjekt (Subject questions) 2: 5

Statement	Subject question	Object question
Jack loves Polly. Jack liebt Polly.	Who **loves** Polly? Wer liebt Polly?	Who does Jack **love**? Wen liebt Jack?
Jo went home. Jo ging heim.	What **happened**? Was geschah?	What did Jo **do**? Was tat Jo?

Mit *who* und *what* fragst du nach dem **Subjekt („Wer oder was?")** oder nach dem **Objekt („Wen/Wem oder was?")**.

- Fragen nach dem **Subjekt** werden ohne *do/does/did* gebildet.
- In Fragen nach dem **Objekt** brauchst du *do/does* (im *simple present*) bzw. *did* (im *simple past*).

Fragen nach dem Subjekt ohne *do/does/did*!

***Kein* do/does/did, *wenn* who = *„wer"*!**

Bilde zwei Fragen zu jedem Satz.

1 Dilip helps his parents on Sundays.
A (Wer hilft ...?) Who ... his parents?
B (Wem hilft Dilip?) Who ... ... help?

2 Sophie feeds Sheeba every morning.
A (Wer füttert ...?) Who ...?
B (Wen füttert Sophie?) Who ...?

7 Nebensätze (Subordinate clauses) 1: 6

Hauptsatz	Nebensatz (Subordinate clause)	Subject	Verb	Object
Please tell me	why	you	like	libraries.
I like libraries	because	I	like	books.
Ananda says	that	she	likes	books.
Jack hates it	when	his dad	plays	basketball.
I don't know	how	we	can help	Mr Green.

Anders als im Deutschen ist die Wortstellung in englischen Nebensätzen genauso wie im Hauptsatz: **S – V – O**.

Vergleiche:

Hauptsatz	Nebensatz
S V O	**S V O**
She likes libraries	*because she **likes** books.*
Sie mag Büchereien,	*weil sie Bücher **mag**.*

Wortstellung auch in Nebensätzen: S – V – O

Vervollständige die Sätze. Achte auf die richtige Wortstellung.

1 Prunella doesn't like Emily because Emily ... (to Sophie – isn't – nice)
2 Sophie feeds Sheeba every morning before she ... (to school – goes)
3 Jack says that ... (he – sport – hates)

8 Stellung von Adverbien und Umstandsbestimmungen (Position of adverbs and adverbials)

8.1 Adverbien der Häufigkeit / der unbestimmten Zeit (Adverbs of frequency / of indefinite time) 1: 3/2: 4

Adverbien der Häufigkeit und der unbestimmten Zeit sind z.B. *already, always, ever, just, never, often, sometimes, soon, usually*.

Sie stehen gewöhnlich:

- **nach** *am/are/is* und *was/were*

	am/are/is was/were	Adverb	
Prunella	**is**	usually	nice to Sophie.
Dan and Jo	**were**	often	late last week.
We	**are**	sometimes	very tired after school.

- direkt **vor** dem **Vollverb**.

	Adverb	Main verb	
Jack **has**	already	**packed**	his school bag.
Ananda	always	**tries**	to help her parents.
Have you	ever	**installed**	software?
We've	just	**made**	tea.
I **can**	never	**remember**	his phone number.
I **don't**	often	**come**	home late.
We'll	soon	**be**	home.

always, already, ever, just, never **usw. stehen**
- **direkt vor dem Vollverb,**
- **aber nach *am, are, is* und *was, were*.**

Do you like Bristol? Have you been here before?
Magst du Bristol? Bist du schon mal hier gewesen?
Lessons haven't started yet.
Der Unterricht hat noch nicht angefangen.
Have you done your homework yet?
Hast du deine Hausaufgaben schon gemacht?

! Ausnahmen:
Die Adverbien ***before*** und ***yet*** stehen am Satzende.

Welche Adverbien stehen an der richtigen Stelle, **A** *oder* **B**?

1 I **always** (A) try **always** (B) to help at home.
2 Have you **before** (A) seen this film **before** (B)?
3 Prunella can **often** (A) help Sophie **often** (B).
4 I haven't **yet** (A) done my homework **yet** (B).

8.2 Adverbien der Art und Weise (Adverbs of manner) 2: 3

Für Adverbien der Art und Weise *(carefully, slowly, quietly, badly, ...)* gibt es zwei Regeln. Sie stehen

- in Sätzen **ohne Objekt**: direkt nach dem Verb
- in Sätzen **mit Objekt**: nach dem Objekt.

	Verb	Object	Adverb of manner	
I always	**drive**		carefully.	
Our team	**played**		badly	today.
Ananda	**picked up**	**the hedgehogs**	carefully.	
I always	**ride**	**my bike**	slowly.	

► *Adverbien der Art und Weise: 36–38*

8.3 Umstandsbestimmungen des Ortes und der Zeit (Adverbials of place and time)

2: 4

Subject	Verb	Object	Adverbial of place	Adverbial of time
Dan	went		to a party	last night.
I	have to be		at the station	at 8 o'clock.
We	can have	a picnic	in the park	this afternoon.
Ananda	helps	her parents	in the shop	on Sundays.

Im Englischen stehen Orts- und Zeitangaben meist **am Satzende**.

Wenn ein Satz eine Orts- und eine Zeitangabe enthält, dann gilt:

Ort vor Zeit – wie im Alphabet: **O vor Z**.

K We were in Italy last summer.
Wir waren letzten Sommer in Italien.

Ort vor Zeit, ich weiß Bescheid!

K On Sundays Ananda helps her parents.
Sonntags hilft Ananda ihren Eltern.

Die Zeitangabe kannst du auch an den Anfang des Satzes stellen.
Anders als im Deutschen bleibt die Wortstellung dann trotzdem **S – V – O**.

Welcher Satz ist richtig, 1, 2 oder 3? (Nur ein Satz ist richtig!)

1 Dan and Jo play football **on Sundays in the park**.
2 Dan and Jo play football **in the park on Sundays**.
3 Dan and Jo play **on Sundays** football **in the park**.

8.4 Das Wichtigste in Kürze (The main points at a glance)

K Ananda often plays hockey.
Ananda spielt oft Hockey.

I closed the door quietly.
Ich schloss leise die Tür.

Jack's mother does yoga every Wednesday.
Jacks Mutter macht jeden Mittwoch Yoga.

! **Beachte:**
Im Deutschen können Adverbien und Zeitangaben zwischen Prädikat und Objekt stehen.
Im Englischen nicht!

Adverbien und Zeitangaben nie zwischen Verb und Objekt!

Verb und Objekt, dicht an dicht, auch ein Adverb trennt sie nicht!

Bilde Sätze. Stelle die Adverbien und Umstandsbestimmungen an die richtige Stelle.

1 Dilip – helps – his parents (usually – on Sundays)
2 Ananda – took – the hedgehog babies (slowly – into the yard)
3 We – do – our homework (always – quickly)

Wortarten (Word classes / Parts of speech)

9 Übersicht (Overview)

Diese Übersicht zeigt dir, wie die einzelnen **Wortarten** heißen und was sie bezeichnen oder worüber sie etwas aussagen.

Verbs ▸ 10–21	read – rain – live – swim – be	**Verben** (Zeitwörter, Tätigkeitswörter) beschreiben, was jemand tut, was sich ereignet, was ist.
Nouns ▸ 22–26	Sophie – girl – table – milk – question – problem – time	**Nomen** (Substantive, Hauptwörter) bezeichnen Lebewesen, Dinge, Vorstellungen und Ideen.
Adjectives ▸ 33–35	good – bad – quick – boring – nice – happy – red	**Adjektive** (Eigenschaftswörter) sagen etwas über die Eigenschaften einer Person oder Sache.
Adverbs ▸ 36–38	today – yesterday – here – there – always – sometimes – quickly – carefully	**Adverbien** (Umstandswörter) beschreiben, wann, wo, wie oft oder wie etwas getan wird oder geschieht.
Determiners and pronouns:		**Begleiter** stehen <u>vor</u> einem Nomen. **Pronomen** (Fürwörter) stehen <u>anstelle</u> eines Nomens:
Articles ▸ 27	the – a/an	▪ **bestimmter und unbestimmter Artikel** (Geschlechtswort)
Personal pronouns ▸ 28	I – you – he – she – it – we – you – they me – you – him – her – it – us – you – them	▪ **Personalpronomen** (persönliche Fürwörter) stehen stellvertretend für ein Nomen.
Possessive determiners ▸ 29	my – your – his – her – its – our – your – their	▪ **Possessivbegleiter** und **Possessivpronomen** (besitzanzeigende Begleiter und Pronomen) drücken Besitz oder Zugehörigkeit aus.
Possessive pronouns ▸ 30	mine – yours – his – hers – ours – yours – theirs	
Demonstrative determiners	this – that – these – those	▪ **Demonstrativbegleiter** und **Demonstrativpronomen** (hinweisende Begleiter und Pronomen) weisen auf etwas hin.
Demonstrative pronouns ▸ 31	this – that – these – those	
Quantifiers ▸ 32	a lot (of) – much – many – some – any – every – no	▪ **Mengenangaben**
Relative pronouns ▸ 50–51	who – which – that	▪ **Relativpronomen** leiten Relativsätze ein.
Question words ▸ 39–43	who – what – when – where – why – how	**Fragewörter** leiten Fragen ein.
Prepositions ▸ 44–45	at – in – on – up – behind – next to – after – before	**Präpositionen** (Verhältniswörter) kennzeichnen z.B. örtliche und zeitliche Verhältnisse.
Conjunctions ▸ 46	and – or – but – when – because – that	**Konjunktionen** (Bindewörter) verbinden Wörter oder Sätze.

Das Verb (The verb)

10 Verbarten (Types of verbs)

10.1 Vollverben (Full verbs)

Jack likes Bristol.
Ananda and Dilip helped their parents last Sunday.

Vollverben können **allein** – d.h. ohne ein weiteres Verb – im Satz auftreten.

- **Infinitiv (infinitive)** (to) ask, (to) give, (to) swim, (to) try
- **-*s*-Form für die 3. Person Singular** (he/she/it) **ask**s, **give**s, **swim**s, **trie**s
  ► *Schreibung/Aussprache: 14.3*
- ***-ing*-Form** **ask**ing, **giv**ing, **swimm**ing, **try**ing
  ► *Schreibung: 15.2*
- ***Simple past*-Form** **ask**ed, gave, swam, **tri**ed
  ► *Schreibung/Aussprache: 16.3*
- **Partizip Perfekt (past participle)** **ask**ed, given, swum, **tri**ed

Von jedem englischen Vollverb gibt es **fünf Formen**.

! Beachte:
Unregelmäßige Verben wie *give* und *swim* haben eigene *simple past-* und *past participle*-Formen.
► *Unregelmäßige Verben: 56*

10.2 *be, do, have*

Vollverb	Hilfsverb
Polly is four. She isn't Jo's pet – she's Jack's pet. Dan and Jo do a lot of sport. Mr Brown usually has dinner at six o'clock.	Mr Hanson is **working**. How often do you **watch** TV? Dan has **cleaned** his bike.

► *Kurz- und Langformen: 55*

Die Verben ***be***, ***do*** und ***have*** können Voll- oder Hilfsverb sein.
Als Hilfsverben werden sie zur Bildung bestimmter Zeitformen des Vollverbs verwendet.

! Das Vollverb ***be*** bildet als einziges Vollverb verneinte Sätze und Fragen im *simple present* und *simple past* **nicht** mit *do/does/did*.

10.3 Modale Hilfsverben (Modal auxiliaries / Modals)

My sister can **play** the piano.
We must **go** home now.
May I **come** in?

Modale Hilfsverben drücken aus, dass etwas sein oder geschehen **kann**, **muss**, **darf** oder **soll**.
► *11–12*

You can **come** in now.

I can **swim**. / She can **swim**.

My brother can't **swim**. Can you **swim**?

► *Kurz- und Langformen: 55*

! Beachte:
- Modale Hilfsverben werden **in Verbindung mit einem Vollverb** verwendet. Nur in Kurzantworten können sie allein stehen: ***Can*** *you* ***swim****? – Yes, I* ***can****.*
- Modale Hilfsverben haben **keine Endungen** auf *-s*, *-ing* oder *-ed*.
- Verneinung und Frage werden **ohne *do/ does/did*** gebildet.

11 Die modalen Hilfsverben (The modal auxiliaries)

11.1 *can* („können", „dürfen") 1:1

I can play the guitar. My sister can play the piano.
Ich kann Gitarre spielen. Meine Schwester kann Klavier spielen.

Can I feed Polly?
– Yes, you can. / No, you can't.
Kann/Darf ich Polly füttern?

Mit *can* drückst du aus, dass jemand etwas tun kann oder tun darf.

Die verneinte Form heißt *can't*.
(Langform: *cannot*)

K

Ananda can play hockey.
Ananda kann Hockey spielen.

But she can't play football.
Aber sie kann nicht Fußball spielen.

! Im Englischen stehen Modalverb und Vollverb direkt hintereinander.

▸ *mustn't („nicht dürfen"): 11.5 / „können": 12.1 / „dürfen": 12.2*

11.2 *may* („dürfen") 1:1

May I use your phone, please?
– Yes, you may. / Yes, of course.
Darf ich mal Ihr Telefon benutzen, bitte?

May we go to the cinema tomorrow?
– No, you may not.
Dürfen wir morgen ins Kino gehen?

Wenn du besonders höflich um Erlaubnis bitten willst, verwendest du *May I …? / May we …?*

▸ *mustn't („nicht dürfen"): 11.5 / „dürfen": 12.2*

11.3 *must* („müssen") 1:6

Mit *must* drückst du aus,

- dass jemand etwas tun muss

There's somebody at the door. – It must be Sophie.
Da ist jemand an der Tür. – Das muss Sophie sein.

All this work! You must be hungry now.
… Du musst jetzt hungrig sein.

- dass etwas wahrscheinlich der Fall ist.

▸ *needn't („nicht müssen"): 11.4 / „müssen": 12.3*

11.4 *needn't* („nicht müssen") 2:6

You needn't hurry. We've got lots of time.
Du musst dich nicht beeilen. / Du brauchst dich nicht zu beeilen.

Must I stay in bed? – No, you needn't (stay in bed).
Muss ich im Bett bleiben? – Nein, musst du nicht.

Mit *needn't* drückst du aus, dass jemand etwas nicht tun muss / nicht zu tun braucht.

▸ *„müssen": 12.3*

11.5 *mustn't* („nicht dürfen") 2: 6

Let's go to the monkeys now. But remember:
you mustn't feed them!
Lasst uns jetzt zu den Affen gehen. Aber denkt dran:
Ihr dürft sie nicht füttern!

Mit *mustn't* drückst du aus, dass etwas verboten ist.

You mustn't smoke here.

Nicht verwechseln:

- ***You* <u>*needn't*</u> *feed Polly.***
  Du <u>musst</u> Polly nicht füttern. / Du <u>brauchst</u> Polly nicht <u>zu</u> füttern. (keine Notwendigkeit)
- ***You* <u>*mustn't*</u> *feed Polly.***
  Du <u>darfst</u> Polly nicht füttern. (Verbot)

▸ *needn't („nicht müssen)": 11.4 / „dürfen": 12.2*

Sieh dir die Sätze an und setze must, mustn't *oder* needn't *ein.*

1 Susan is ill. She ... stay at home.
2 But she can get up – she ... stay in bed.
3 She ... go outside. It's too cold.

11.6 *should* („sollte/solltest/sollten") A 2: 6

Susan is ill. She should go and see a doctor.
... Sie sollte zum Arzt gehen.

You're tired? Then you shouldn't go out tonight.
Du bist müde? Dann solltest du heute Nacht nicht ausgehen.

Mit *should/shouldn't* drückst du aus, dass jemand etwas tun oder nicht tun sollte.

12 Übersicht: „können", „dürfen", „müssen" (Overview)

12.1 „können": *can, could, be able to*

Wenn du über eine **Fähigkeit (deutsch: „können")** sprichst, kannst du *can, could* und *be able to* verwenden:

1 My grandpa can walk on his hands.
Mein Opa kann auf den Händen laufen.

- ***can:*** Für „können" in der Gegenwart wird meist *can* benutzt (Satz 1).

2 I've got a new job, so I'll be able to buy a new car soon.
..., daher werde ich mir bald ein neues Auto kaufen können.

3 There was snow on the road, but the driver was able to stop the car.
..., aber der Fahrer konnte den Wagen stoppen.

- ***be able to:*** Eine Form von *be able to* wird oft gebraucht, wenn es um die Zukunft oder die Vergangenheit geht (Sätze 2, 3).

4 I could hear the dog, but I couldn't see it.
Ich konnte den Hund hören, aber ich konnte ihn nicht sehen.

- ***could:*** Die Vergangenheitsform *could* steht vor allem in verneinten Sätzen und Fragen sowie mit Verben der Wahrnehmung *(see, hear, smell, ...)* (Satz 4).

12.2 „dürfen“: *can, may, could, be allowed to; mustn't*

1 Of course you can use my CD player.
Natürlich darfst/kannst du meinen CD-Spieler benutzen.

2 May I leave an hour earlier today, please?
Darf ich heute bitte eine Stunde früher gehen?

3 When I'm 18 I'll be allowed to drive a car.
..., werde ich Auto fahren dürfen.

4 Were you allowed to watch the film last night?
Durftest du den Film gestern Abend sehen?

5 On Saturdays I could always stay up till 11 o'clock.
Samstags durfte ich immer bis 11 Uhr aufbleiben.

6 You **can** watch the baby hedgehogs, but you mustn't touch them.
Du darfst/kannst die Igelbabys anschauen, aber du darfst sie nicht anfassen.

7 You mustn't / aren't allowed to smoke here, I'm afraid.
Es tut mir leid, aber Sie dürfen hier nicht rauchen.

Wenn du über eine **Erlaubnis (deutsch: „dürfen“)** sprichst, kannst du *can, may, could* und *be allowed to* verwenden:

- ***can:*** Für „dürfen“ in der Gegenwart wird oft *can* benutzt (Satz 1).
- ***may:*** Mit *May I ...? / May we ...?* kannst du besonders höflich um Erlaubnis bitten (Satz 2).
- ***be allowed to:*** Eine Form von *be allowed to* wird oft gebraucht, wenn es um die Zukunft oder die Vergangenheit geht (Sätze 3, 4).
- ***could:*** Auch die Vergangenheitsform *could* wird manchmal für Erlaubnisse in der Vergangenheit verwendet (Satz 5).

Für ausdrückliche **Verbote** wird ***mustn't*** oder ***be not allowed to*** benutzt (Sätze 6, 7).

12.3 „müssen“: *must, have to; needn't*

1 I'm tired. I must sit down for a few minutes.
... Ich muss mich ein paar Minuten hinsetzen.

2 We'll have to buy a new car next year.
Wir werden nächstes Jahr ein neues Auto kaufen müssen.

3 Sorry I'm late. I had to tidy up my room.
... Ich musste mein Zimmer aufräumen.

4 You needn't wait / don't have to wait for me.
Du brauchst nicht auf mich zu warten.

5 Are the tickets free or do we have to pay for them?
... oder müssen wir sie bezahlen?

6 Last Sunday Ananda didn't have to help her parents.
Letzten Sonntag musste Ananda ihren Eltern nicht helfen.

Wenn du über eine **Notwendigkeit** oder einen **Zwang (deutsch: „müssen“)** sprichst, kannst du *must* und *have to* verwenden:

- ***must*** kann für „müssen“ in der Gegenwart benutzt werden (Satz 1).
- ***have to:*** Eine Form von *have to* wird gebraucht, wenn es um die Zukunft oder die Vergangenheit geht (Sätze 2, 3).

! ***have to*** ist viel häufiger als *must*, auch in der Gegenwart! Verwende *must* nicht zu oft.

Wenn jemand etwas nicht tun muss / nicht zu tun braucht, wird ***needn't*** oder ***not have to*** verwendet (Satz 4).

! **Beachte:**
Fragen und Verneinungen mit *have to* werden im *simple present* und *simple past* mit *do/does/did* gebildet (Sätze 5, 6).

13 Die Zeiten – Übersicht (The tenses – overview)

Die folgende Übersicht enthält Langformen *(I did not play / I am playing / I will not play)*.
Beim Sprechen und in persönlichen Briefen werden meist Kurzformen verwendet *(I didn't play / I'm playing / I won't play)*.

► *Kurz- und Langformen: 55*

	Positive statements	Negative statements	Questions
Simple present ► 14	I play She plays	I do not play She does not play	Do you play? Does she play?
Present progressive ► 15	I am playing She is playing	I am not playing She is not playing	Are you playing? Is she playing?
Simple past ► 16	I played She played	I did not play She did not play	Did you play? Did she play?
Past progressive ► 17	I was playing She was playing	I was not playing She was not playing	Were you playing? Was she playing?
Present perfect ► 18	I have played She has played	I have not played She has not played	Have you played? Has she played?
going to-future ► 19	I am going to play She is going to play	I am not going to play She is not going to play	Are you going to play? Is she going to play?
will-future ► 20	I will play She will play	I will not play She will not play	Will you play? Will she play?

14 Die einfache Form der Gegenwart (The simple present)

1: 2 / 1: 3

14.1 Gebrauch (Use)

1: 2

Mit dem *simple present* drückst du aus, dass etwas **wiederholt** (regelmäßig, immer, jeden Tag, oft, ...) oder **nie** geschieht.
In *simple present*-Sätzen stehen daher oft Wörter wie *always, often, sometimes, usually, never* oder Zeitangaben wie *every morning, in the evenings, on Sundays*.

In den Beispielen links reden Dan und Jo darüber, was sie regelmäßig (jeden Morgen) tun.

Form 8PK are on a school trip.
They cycle to Warmley, and then they take the bus to Bath. There they go to the Roman Baths first. After that they have lunch. And then, after lunch, they visit a museum.

► *Present progressive oder simple present?: 15.3*

Das *simple present* wird auch verwendet, um **aufeinanderfolgende Handlungen** zu beschreiben, z.B. wenn man eine Geschichte erzählt (oft mit den Wörtern *First ..., then ..., after that ...*).

14.2 Form (Form)

1: 2 / 1: 3

Positive statements

I	**play**	tennis.	We	**play**	tennis.
You	**play**	tennis.	You	**play**	tennis.
He/She/It	**plays**	tennis.	They	**play**	tennis.

Das *simple present* hat die Form des Infinitivs. Nur bei *he/she/it* (3. Person Singular) musst du *-(e)s* anhängen:
I/You/We/They play …
*He/She/It play**s** …*

▸ *3. Person Singular – Aussprache/Schreibung: 14.3*

Negative statements

I	**don't play**	cards.	We	**don't play**	cards.
You	**don't play**	cards.	You	**don't play**	cards.
He/She/It	**doesn't play**	cards.	They	**don't play**	cards.

Im verneinten Satz benutzt du ***don't* + Infinitiv** bzw. ***doesn't* + Infinitiv**:
*I/You/We/They **don't** play …*
*He/She/It **doesn't** play …*
(Langformen: *do not* bzw. *does not*).

Questions

Do I		**play** cards?	**Do**	we	**play** cards?
Do you		**play** cards?	**Do**	you	**play** cards?
Does he/she/it		**play** cards?	**Do**	they	**play** cards?

Fragen im *simple present* bildest du mit ***do*** bzw. ***does***:
***Do** I/you/we/they play …?*
***Does** he/she/it play …?*

Do you **get up** early? – **Yes, I** do. **/ No, I** don't.
Does Jack **help** his parents? – **Yes, he** does.
Does Ananda **play** football? – **No, she** doesn't.

Entscheidungsfragen werden meist nicht nur mit *Yes* oder *No* beantwortet. Höflicher ist eine sogenannte **Kurzantwort:**
- bei *Yes* mit *do* bzw. *does*
- bei *No* mit *don't* bzw. *doesn't*.

What do you usually **do** on Sundays?
When does Ananda **play** hockey?
Where does she **play** hockey?

▸ *Fragen mit „who": 6.3*

Fragen, die mit einem Fragewort *(when, where, what, why, how)* beginnen, bildest du wie Entscheidungsfragen. Das Fragewort steht wie im Deutschen am Anfang.

Question	Where **does** Sophie live?
Positive statement	Sophie lives in Bristol.
Negative statement	She **doesn't** live in Bath.

! Beachte:
Das ***s*** der 3. Person Singular steckt bei Fragen und Verneinungen schon im ***does***.
Das Verb hat keine *-s*-Endung!
Also nicht: *Where does she live~~s~~?*
She doesn't live~~s~~ …

***He, she, it* – ein „s" muss mit.**

Doch sei klug – <u>ein</u> „s" ist genug.

a) Wo fehlt ein „s"?

1 I like_ tennis. Dan like_ football.
2 We play_ football. Ananda play_ hockey.
3 My dog eat_ meat. Rabbits eat_ carrots.

b) Stelle Fragen.

1 Jack hates sport. (Jo?) *Does Jo …?*
2 Sophie lives in Bristol. (The twins?)
3 The twins love football. (Dilip?)

14.3 3. Person Singular: Aussprache/Schreibung (3rd person singular: pronunciation/spelling) 1: 2

Bei der Aussprache und der Schreibung der 3. Person Singular gibt es ein paar Besonderheiten, die du dir merken musst.

Our cat **sleeps** in a basket. [sli:ps]
My dog **likes** meat. [laɪks]
Prunella **laughs** a lot. [lɑ:fs]

[s] nach **stimmlosen Konsonanten** ([p], [k], [t], [f] ...) – so wie im deutschen Wort „lassen". (Denk an das Geräusch, das eine Schlange macht: Ssss.)

My sister always **reads** in bed. [ri:dz]
Who **cleans** Polly's cage? [kli:nz]
Ananda **plays** hockey. [pleɪz]

[z] nach **stimmhaften Konsonanten** ([b], [g], [d], [n], [l], [v] ...) und nach **Vokalen** – so wie im deutschen Wort „lesen". (Denk an das Geräusch der Biene: Zzzz.)

Our teacher always **uses** a red pen. ['ju:zɪz]
Grandpa **washes** his car on Sundays. ['wɒʃɪz]

[ɪz] nach **Zischlauten** ([s], [z], [ʃ], [tʃ], [dʒ]). Beachte, dass nach Zischlauten *-s* oder *-es* angehängt wird, je nach Schreibung des Infinitivs:
use – uses, wash – washes.

Prunella often **tries** to help Sophie.
My grandma always **flies** to Spain in the summer.

Jo usually **plays** football in the park.
My uncle **buys** a new car every year.

! Bei Verben, die auf **-y** enden, musst du aufpassen:

- Wenn das **-y** auf einen **Konsonanten** folgt, wird es bei der 3. Person Singular zu ***-ies***:
  try** – he/she/it **tries
  fly** – he/she/it **flies.
- Wenn das **-y** auf einen **Vokal** folgt, bleibt es ein **-y**:
  play** – he/she/it **plays
  buy** – he/she/it **buys.

Sophie **goes** to Cotham School in Bristol.

She **does** her homework in her room. [dʌz]

Prunella **says**, 'Sophie, get up now!' [sez]

! **Vorsicht** bei den Verben ***go***, ***do*** und ***say***:

- ***go*** + ***es*** → ***goes***
- ***do*** + ***es*** → ***does***
  Aussprache: *I **do*** [du:] – *she **does*** [dʌz]
- ***say*** + ***s*** → ***says***
  Aussprache: *I **say*** [seɪ] – *she **says*** [sez]

a) Bei welchen Verben musst du bei der 3. Person Singular (he/she/it) **-es** *anhängen?*

teach • sleep • dance • miss • push • pull • do • pass • eat • go • catch

b) Bei welchen Verben wird bei der 3. Person Singular **-y** *zu* **-ies***?*

play • try • fly • buy • copy • tidy • worry • stay • hurry • say

15 Die Verlaufsform der Gegenwart (The present progressive) 1:4

15.1 Gebrauch (Use)

It's Friday evening. Sophie and Ananda are on the phone.

Sophie Hi, Ananda. What are you doing?
... Was machst du gerade?

Ananda I'm writing an e-mail to my cousin Jay.
Ich schreibe (gerade) eine E-Mail ...

Sophie Aren't you watching TV? There's a good film on BBC 1.
Siehst du nicht fern? ...

Ananda No, I'm not. ...
Nein. ...

► *Present progressive oder simple present?: 15.3*

Mit dem *present progressive* drückst du aus, dass jemand **gerade etwas tut**:
Sophie und Ananda telefonieren miteinander. Ananda sagt, dass sie gerade dabei ist, eine E-Mail zu schreiben.
Sie hat das Schreiben zwar gerade unterbrochen, aber die E-Mail ist noch nicht fertig – sie wird nach dem Telefonat mit Sophie weiterschreiben. Die Handlung ist also noch nicht abgeschlossen, sondern noch im Gange (*in progress* = „im Verlauf" – daher der Name *present progressive*).

! Eine Verlaufsform gibt es im Deutschen nicht. Aber manchmal sagt man „Ich bin gerade dabei, eine E-Mail zu schreiben".

In *present progressive*-Sätzen steht oft *now, at the moment, just* („gerade") oder *still* („noch").

! Verben wie *know, want, need, like, love, hate, hear, see* werden normalerweise nicht im *present progressive* verwendet, weil diese Verben keine Handlungen beschreiben: Man kann ja nicht sagen, dass man gerade dabei ist, etwas zu wissen/zu wollen usw.

15.2 Form (Form)

Positive statements

I'm	**singing.**	We're	**singing.**
You're	**singing.**	You're	**singing.**
He's/She's/It's	**singing.**	They're	**singing.**

► *Kurz- und Langformen: 55*

Negative statements

I'm **not**	**playing.**	We **aren't**	**playing.**
You **aren't**	**playing.**	You **aren't**	**playing.**
He/She/It **isn't**	**playing.**	They **aren't**	**playing.**

► *Kurz- und Langformen: 55*

Du bildest das *present progressive* mit ***am/are/is*** + **-*ing*-Form** des Verbs.

Die -*ing*-Form ist der Infinitiv + -*ing*:
sing + ***-ing*** → *singing*
play + ***-ing*** → *playing*
help + ***-ing*** → *helping.*

! Merke aber:

- Ein stummes ***e*** am Ende des Infinitivs fällt weg:
  make + ***-ing*** → *making*
  give + ***-ing*** → *giving.*
- Nach einem einzelnen, betonten Vokal (a, e, i, o, u) wird der Konsonant (p, t, n, ...) verdoppelt:
  drop + ***-ing*** → *dro**pp**ing*
  run + ***-ing*** → *ru**nn**ing.*

Questions

Am	I	playing?	Are	we	playing?
Are	you	playing?	Are	you	playing?
Is	he/she/it	playing?	Are	they	playing?

In Fragen sind Subjekt *(I, you, he, she, we, ...)* und *am/are/is* vertauscht.

Are you **working**, Sophie? – **Yes, I am. / No, I'm not.**
Is Ananda **writing** an e-mail? – **Yes, she is. / No, she isn't.**
Are the twins **doing** their homework?
– **Yes, they are. / No, they aren't.**

What are you **doing?**
Where's Jack **going?**
Who's Ananda **talking to?**

Ein Fragewort *(what, where, when, why, who, how)* steht wie im Deutschen am Anfang der Frage.
Nach einem Fragewort wird *is* oft verkürzt:
*Where **is** Jack **going**?* → *Where**'s** Jack **going**?*
*Who **is** ...?* → *Who**'s** ...?*

*a) Wie bildest du die -ing-Formen dieser Verben? Ordne die Verben den Buchstaben **A** bis **C** zu, z.B. 1 C.*

1 swim • 2 come • 3 miss • 4 sit • 5 push
6 sleep • 7 dance • 8 stop • 9 write

A work → working
B give → giving
C run → running

b) Stelle Fragen. Bringe dazu die Wörter in die richtige Reihenfolge.

1 Sophie – watching on TV – What's?
2 What's – doing – Ananda?
3 Where's – playing – Prunella – tennis?

15.3 *Present progressive oder simple present?* 1: 4 / 1: 6

Present progressive	**Simple present**
Ananda is playing hockey (now / at the moment).	Ananda plays hockey (every Saturday / every week).
Ananda spielt (gerade / im Augenblick) Hockey.	Ananda spielt (jeden Samstag / jede Woche) Hockey.

- ***Present progressive:*** **gerade jetzt, noch im Gange**

- ***Simple present*** **regelmäßig, als Hobby**

Mit dem deutschen Satz **Ananda spielt Hockey** kann man zwei verschiedene Dinge ausdrücken:
- dass sie gerade Hockey spielt oder
- dass Hockey ihr Hobby ist.

Im Englischen musst du entweder das *present progressive* oder das *simple present* verwenden, je nachdem, was du sagen willst:
- Mit dem ***present progressive*** sagst du, dass Ananda **jetzt gerade** Hockey spielt.
- Mit dem ***simple present*** drückst du aus, dass Ananda **regelmäßig** („jeden Samstag", „jede Woche") Hockey spielt. Hockey ist ihr **Hobby**.

Auf Seite 23 findest du weitere Beispiele.

Present progressive	**Simple present**

Look, Jack is laying the table.	He lays the table for the guests every morning.

It's 7 o'clock now. Sophie is getting up.	She usually gets up at 7 o'clock on school days.

Are Bill and Ben playing in the park today? No, they aren't. They're playing in the living room.	Bill and Ben often play in the park.

- **Signalwörter für das** ***present progressive:***
  now, at the moment, today

- **Signalwörter für das** ***simple present:***
  always, usually, often, sometimes, never, every morning, on Saturdays, ...

Welche Sätze drücken aus, dass jemand ***gerade dabei*** *ist, etwas zu tun?*
Welche Sätze drücken aus, dass jemand etwas ***regelmäßig*** *tut? Ordne die Sätze den Buchstaben* **A** *oder* **B** *zu.*

1 Jay often drinks a glass of milk for breakfast.
2 Today Jay isn't drinking milk. He's drinking tea.
3 And he's having a bowl of cornflakes.
4 Most mornings he doesn't eat anything.
5 He usually gets up too late!

A *gerade jetzt; noch im Gange*
B *regelmäßig, wiederholt*

16 Die einfache Form der Vergangenheit (The simple past) 1: 5 / 2: 1

16.1 Gebrauch (Use) 1: 5 / 2: 1

The SHoCK Team met in the park **yesterday**. They talked about Mr Green and made plans. Jo came home very late.
Das SHoCK Team traf sich gestern im Park. Sie sprachen über Mr Green und machten Pläne. Jo kam sehr spät nach Hause.

My mum was born **in 1971**. It was her birthday **last week**.
Meine Mutter wurde 1971 geboren. Letzte Woche hatte sie Geburtstag.

► *Present perfect oder simple past?: 18.4*

Mit dem *simple past* berichtest du über die Vergangenheit – z.B. wenn du eine Geschichte erzählst.
Zeitangaben wie *yesterday, last week, three minutes ago, in 1971* drücken aus, **wann** etwas geschehen ist oder **wann** jemand etwas getan hat.

! Beachte:
Im Deutschen benutzen wir oft das Perfekt, um zu sagen, **wann** etwas geschehen ist:
*Ich **habe gestern** meine Uhr **verloren**.*

Im Englischen muss in diesen Fällen das *simple past* stehen:
*I **lost** my watch **yesterday**.*

16.2 Form (Form) 1: 5 / 2: 1

Positive statements

Regular verbs		Irregular verbs	
I	**asked**	I	**said**
You	**asked**	You	**said**
He/She/It	**asked**	He/She/It	**said**
We/You/They	**asked**	We/You/They	**said**

- Bei **regelmäßigen Verben** bildest du das *simple past* durch Anhängen von ***ed*** an den Infinitiv: ***ask*** + ***ed*** → ***asked***.
  Es gibt für alle Personen nur eine Form.
  ► *Aussprache/Schreibung der -ed-Form: 16.3*
- **Unregelmäßige Verben** wie *say* haben eigene *simple past*-Formen.
  ► *Unregelmäßige Verben: 56*

Negative statements

I	**didn't ask**	I	**didn't say**
You	**didn't ask**	You	**didn't say**
He/She/It	**didn't ask**	He/She/It	**didn't say**
We/You/They	**didn't ask**	We/You/They	**didn't say**

Im verneinten Satz benutzt du ***didn't* + Infinitiv** (Langform: *did not*).

Questions

Did	I	ask?	**Did**	I	say?
Did	you	ask?	**Did**	you	say?
Did	he/she/it	ask?	**Did**	he/she/it	say?
Did	we/you/they	ask?	**Did**	we/you/they	say?

Fragen im *simple past* bildest du mit ***did***. (Das Verb steht wie bei der Verneinung im Infinitiv.)

Did Jo **come** home late last night? – **Yes, he** did.
Did they **meet** at school?
– **No, they** didn't. They met in the park.
Did you **watch** TV yesterday? – **Yes, I** did. / **No, I** didn't.

Entscheidungsfragen werden meist nicht nur mit *Yes* oder *No* beantwortet.
Höflicher ist eine sogenannte **Kurzantwort:**

- *Yes, I did / Yes, he did* usw.
- *No, I didn't / No, he didn't* usw.

When did Jo **come** home last night?
Where did the SHoCK Team **meet**?
Why didn't you **do** your homework?

▸ *Fragen mit „who": 6.3*

Fragen, die mit einem Fragewort *(when, where, what, why, how)* beginnen, bildest du wie Entscheidungsfragen. Das Fragewort steht wie im Deutschen am Anfang.

Question	Where did the cats play?
Positive statement	The cats played in the park.
Negative statement	They didn't play in the garden.

Beachte:
Bei Fragen und Verneinungen steckt die Vergangenheit schon im ***did***. Das Verb hat keine *-ed*-Endung!
Also nicht: *Where did they played?*
They didn't played ...

Nur einmal Vergangenheitsformen bei Fragen und Verneinungen im *simple past*:

	Infinitiv	
Did you	***see***	***the film last night?***
I didn't	***see***	***the film last night.***

a) Sieh dir die Bilder an und vervollständige die Sätze.

1  I ...*n't* watch TV last night.

2  Jo ... take photos last Saturday.

3  Jack ... make ... this morning.

4  Dan ... football yesterday.

b) Vervollständige die Fragen.

1 Jo came home late last night. And Dan? *D...* Dan ... home late?
2 Ananda and Dilip went to the cinema on Sunday. And you? What ... you do?
3 Dilip liked the film. And Ananda? *D...*?

16.3 Die *-ed*-Form: Aussprache/Schreibung (The *-ed* form: pronunciation/spelling)

1: 5 / 2: 1

The SHoCK Team **talk**ed about Mr Green. [tɔ:kt]
They **laugh**ed a lot. [lɑ:ft]

It **rain**ed all day yesterday. [reɪnd]
We **stay**ed inside. [steɪd]

The SHoCK Team **need**ed more information. ['ni:dɪd]
Dan and Jo **wait**ed for Jack and Ananda. ['weɪtɪd]

Aussprache der *-ed*-Form:

[t] nach **stimmlosen Konsonanten** ([p], [k], [t], [f] ...)

[d] nach **stimmhaften Konsonanten** ([b], [g], [d], [n], [l], [v] ...) und nach **Vokalen**

[ɪd] nach [-d] und [-t]

Jack **phon**ed Ananda on her mobile.

Sorry, Mum, I **dropp**ed one of our plates.

We **tri**ed to be very quiet.

Schreibung:

- Ein stummes ***e*** fällt weg:
  phone + ***-ed*** → *phoned.*
- Nach einem einzelnen, betonten Vokal wird der Konsonant verdoppelt:
  drop + ***-ed*** → *dropped.*
- ***y*** nach einem Konsonanten wird zu ***-ied***:
  try + ***-ed*** → *tried.*

Wie bildest du die simple past-Formen dieser Verben? Ordne die Verben den Buchstaben **A** *bis* **E** *zu, z.B. 1 B.*

1 argue • 2 dance • 3 help • 4 hurry
5 laugh • 6 like • 7 meet • 8 plan
9 play • 10 run • 11 shop • 12 stop
13 take • 14 tidy • 15 worry

A work → **worked**
B phone → **phoned**
C drop → **dropped**
D try → **tried**
E go → **went**

17 Die Verlaufsform der Vergangenheit (The past progressive)

2: 6

17.1 Gebrauch (Use)

2: 6

Yesterday Mr Shaw came home **at six o'clock.**
It was raining.
What were Dan and Jo doing?
Well, Dan was writing a letter
and Jo was playing with the cats.

Mit dem *past progressive* drückst du aus, dass etwas zu einer bestimmten Zeit in der Vergangenheit (hier: *yesterday at six o'clock*) **gerade im Gange war**:
Es regnete. Dan war dabei, einen Brief zu schreiben, und Jo spielte gerade mit den Katzen.
Die Handlungen/Vorgänge waren noch nicht abgeschlossen.

The Kapoors were having lunch when Ananda suddenly **started** to laugh.
Die Kapoors aßen gerade zu Mittag, als Ananda plötzlich anfing zu lachen.

Das *past progressive* wird oft benutzt, um zu beschreiben, was gerade vor sich ging *(they were having lunch)*, als etwas anderes passierte *(Ananda started to laugh)*.

Wenn etwas zu einer bestimmten Zeit in der Vergangenheit gerade im Gange und noch nicht abgeschlossen war: *past progressive*

Eine Verlaufsform gibt es im Deutschen nicht. Aber manchmal sagt man „Ich war gerade dabei, einen Brief zu schreiben".

17.2 Form (Form)

2: 6

Positive statements		
I	was	working
You	were	working
He/She/It	was	working
We/You/They	were	working

Du bildest das *past progressive* mit ***was/were*** + ***-ing*-Form** des Verbs.

▸ *Bildung der -ing-Form: 15.2*

Vergleiche *present progressive* und *past progressive*:

- *present progressive:*
  *It's 7 o'clock. Dilip **is helping** his parents.*
- *past progressive:*
  It was 7 o'clock on Friday evening.
  *Dilip **was helping** his parents.*

▸ *Present progressive: 15*

Negative statements		
I	wasn't	playing
You	weren't	playing
He/She/It	wasn't	playing
We/You/They	weren't	playing

▸ *Kurz- und Langformen: 55*

Questions		
Was	I	playing?
Were	you	playing?
Was	he/she/it	playing?
Were	we/you/they	playing?

In Fragen sind Subjekt *(I, you, he, she, we, ...)* und *was/were* vertauscht.

Were you **working** on Friday? – **Yes, I** was. / **No, I** wasn't.
Was she **writing** a letter? – **Yes, she** was. / **No, she** wasn't.
Were they **singing**? – **Yes, they** were. / **No, they** weren't.

Die Kurzantworten sind
- *Yes, I was / Yes, we were* usw.
- *No, I wasn't / No, we weren't* usw.

What were you **doing** on Friday?
When was Dan **writing** his letter?
Who was Ananda **talking to**?

Ein Fragewort *(what, where, when, why, who, how)* steht wie im Deutschen am Anfang der Frage.

Welche Sätze drücken aus, dass jemand gerade dabei war, etwas zu tun?

1 At 3 o'clock on Sunday afternoon Ananda was following Mr Green.
2 Jo didn't play football yesterday. He worked on his project.
3 Yesterday after school, Emily watched TV.
4 Last Saturday the SHoCK Team followed Mr Green all afternoon.
5 At 7 o'clock last night Dan and Jo weren't playing football. They were working.
6 Sophie was watching TV when suddenly there was a loud noise in the kitchen.

18 Das *present perfect* (The present perfect) 2:4

18.1 Gebrauch (Use) 2:4

Hurry up! I've already packed the car.
Beeilt euch! Ich habe schon das Auto beladen.

Jack and Ananda have bought a present for Sophie.
Jack und Ananda haben ein Geschenk für Sophie gekauft.

The twins haven't tidied their room. Mr Shaw is angry.
Die Zwillinge haben ihr Zimmer nicht aufgeräumt. ...

Has Dilip come back from his trip to New York?
Ist Dilip (schon) von seiner Reise ... zurückgekommen?

Mit dem *present perfect* drückst du aus, **dass** jemand etwas getan hat oder **dass** etwas geschehen ist.
Dabei ist **nicht wichtig, wann** es geschehen ist. Deshalb wird auch kein genauer Zeitpunkt angegeben.

! Wenn du einen genauen Zeitpunkt angibst, z.B. *yesterday, last week, two minutes ago, in 2004*, dann musst du das *simple past* verwenden!

▸ *Present perfect oder simple past?: 18.4*

Oft hat die Handlung **Auswirkungen** auf die Gegenwart oder die Zukunft:
Grandma hat Eier mit Schinken für Dan und Jo zubereitet.
Ergebnis: Dan und Jo können jetzt frühstücken.

18.2 *Present perfect:* Adverbien der unbestimmten Zeit (Present perfect: adverbs of indefinite time) 2:4

Grandpa Are you ready? I've already **packed** the car.
... Ich habe schon das Auto beladen.

Grandma **Have** the twins **had** breakfast yet?
Haben die Zwillinge schon gefrühstückt?

Grandpa I've just **seen** Jo in the kitchen.
But Dan **hasn't come** down yet.
Ich habe Jo gerade in der Küche gesehen.
Aber Dan ist noch nicht nach unten gekommen.

Jo I've always **wanted** to see the Brecon Beacons.
Have you ever **been** there?
Ich wollte schon immer die Brecon Beacons sehen.
Seid ihr jemals dort gewesen?

Grandpa Oh yes, we**'ve been** there before. Lots of times.
Oh ja, wir waren schon mal dort. ...

Weil das *present perfect* ausdrückt, dass etwas irgendwann geschehen ist, findest du oft **Adverbien der unbestimmten Zeit** in *present perfect*-Sätzen:

already	schon, bereits
always	(schon) immer
before	(vorher) schon mal
just	gerade (eben), soeben
never	(noch) nie
not ... yet	noch nicht
often	(schon) oft
ever?	jemals? / schon mal?
yet?	schon?

Sie stehen **direkt vor dem Vollverb**.

! **Ausnahme:**
before und ***yet*** stehen am Satzende.

Bilde present perfect-*Sätze. Bringe dazu die Wörter in die richtige Reihenfolge.*

1 Mr Carter-Brown – has – just – the car – washed.
2 Dan – his breakfast – hasn't – yet – eaten.
3 The twins – made – already – have – their beds.

18.3 Form (Form)

2:4

Positive statements

Regular verbs	Irregular verbs
I've **played**	I've **sung**
You've **played**	You've **sung**
He's/She's/It's **played**	He's/She's/It's **sung**
We/You/They've **played**	We/You/They've **sung**

▸ *Kurz- und Langformen: 55*

Du bildest das *present perfect* mit ***have/has*** und der 3. Form des Verbs. Die 3. Form des Verbs heißt **Partizip Perfekt** *(past participle).*

! **Beachte** die 3. Person Singular:
*He's played = He **has** played*
*She's played = She **has** played.*

Negative statements

I **haven't played**	I **haven't sung**
You **haven't played**	You **haven't sung**
He/She/It hasn't **played**	He/She/It hasn't **sung**
We/You/They **haven't played**	We/You/They **haven't sung**

▸ *Kurz- und Langformen: 55*

Bildung des Partizip Perfekts:

- Bei **regelmäßigen Verben** hängst du ***ed*** an den Infinitiv an: ***play*** + ***ed*** → ***played***.
  ▸ *Aussprache/Schreibung der -ed-Form: 16.3*
- **Unregelmäßige Verben** wie *sing* haben eigene *past participle*-Formen.
  ▸ *Unregelmäßige Verben: 56*

Questions

Have I	**played?**	**Have** I	**sung?**
Have you	**played?**	**Have** you	**sung?**
Has he/she/it	**played?**	Has he/she/it	**sung?**
Have we/you/they	**played?**	**Have** we/you/they	**sung?**

In Fragen sind Subjekt und *have/has* vertauscht.

Have you ever **tried** Indian food?
– **Yes, I** have. / **No, I** haven't.
Has Jo **been** to the Brecon Beacons?
– **Yes, he** has. / **No, he** hasn't.

Die Kurzantworten sind
- *Yes, I have / Yes, he has* usw.
- *No, I haven't / No, he hasn't* usw.

Why haven't you **tidied** your room?
Where has Dan **been**?

Ein Fragewort steht wie im Deutschen am Anfang der Frage.

K

The bus has stopped.	The bus has arrived.
Der Bus hat angehalten.	Der Bus ist angekommen.

! Das *present perfect* wird immer mit *have/has* gebildet – auch wenn im Deutschen eine Form von „sein" steht.

a) Welche dieser Formen sind past participles?

saw • written • went • took • gave • seen • gone • taken • wrote • given

b) Vervollständige die Fragen.

1 Dilip has just come back from New York. And Ananda? *H...* Ananda come back yet?
2 I've never eaten crocodile. And you? ... you ever ...?
3 Dan has already made his bed. And Jo? ... yet?

18.4 *Present perfect oder simple past?* 2:4

Present perfect	**Simple past**
Sophie Look, Jo. I've bought a new dress. Isn't it great?	I bought it at the new shop in Elm Street **yesterday**.

Present perfect	**Simple past**
Dan Jack, have you ever tried Indian food?	
Jack Yes, I have.	*Dan* **When** did you try it?
	Jack I tried it at school **last year**, when we had that Indian week.

Sieh dir die Beispiele links gut an:

- Zuerst sagt Sophie, **dass** sie sich ein Kleid gekauft hat → ***present perfect***.
  Dann fügt sie hinzu, **wann** (und wo) sie es gekauft hat → ***simple past***.
- Dan fragt, **ob** Jack schon mal indisches Essen probiert hat → ***present perfect***.
  Mit der ***When***-Frage erkundigt er sich dann, **wann** das war → ***simple past***.
  Jack nennt den **Zeitpunkt** (und den Ort) → ***simple past***.

- ***Present perfect,*** **um zu sagen, <u>dass</u> etwas geschehen ist**

- ***Simple past,*** **um zu sagen, <u>wann</u> etwas geschehen ist**

! Zusammenfassung:

- ***Present perfect:***
  - wenn du sagen willst, **dass etwas geschehen ist**
  - wenn du fragen willst, **ob etwas geschehen ist**.

  Ein Zeitpunkt wird <u>nicht</u> genannt (er ist nicht wichtig oder nicht bekannt). Du findest aber oft unbestimmte Angaben wie *already, before, ever, just, never, often, (not) yet* in *present perfect*-Sätzen.
- ***Simple past:***
  wenn du sagen willst, **wann etwas geschehen ist**.
  Der Zeitpunkt wird genannt (oder geht aus dem Zusammenhang hervor). Typische Zeitangaben sind *yesterday, last year, an hour ago, on Friday morning, in 1998, ...* .

K When did you buy your new dress?
Wann hast du dein neues Kleid gekauft?

! *When ...?* fragt nach einem Zeitpunkt. Deshalb stehen Fragen mit *when* nie im *present perfect*, sondern im *simple past*.

Nicht: *When ~~have you bought~~ your dress?*

Simple past *oder* present perfect? *Bilde Sätze. (Die Zeitangaben helfen dir.)*

1 Emily – cycle – to school – **last Wednesday**.
2 Jo – **already** – install – the new software.
3 I – **never** – eat – crocodile – **before**.
4 **Yesterday** – Jack – play – tennis – with Jo.
5 Ananda – fly – to New York – **last summer**.
6 Dilip – not do – his homework – **yet**.

19 Das Futur mit *going to* (The *going to*-future)

A2: 2 • B2/D2: 5

19.1 Gebrauch (Use)

Ananda What **are** you **going to do** at the weekend, Dan? **Are** you **going to stay** at home?
Was hast du am Wochenende vor, Dan? Wirst du zu Hause bleiben?

Dan No, I**'m not**. Jo and I **are going to visit** our grandparents in Wales. And you? **Are** you **going to help** your parents in the shop again?
Nein (, werde ich nicht). Jo und ich werden/wollen unsere Großeltern in Wales besuchen. Und du? Hilfst du wieder deinen Eltern im Laden?

Du verwendest das Futur mit ***going to***, um über **Absichten** und **Pläne** für die Zukunft zu sprechen.

! ***going to*** hat hier nichts mit „gehen" zu tun. Es bedeutet „werden", „wollen", „vorhaben".

Für Absichten und Pläne: das Futur mit *going to*

19.2 Form (Form)

Positive statements

I**'m** **going to help**
You**'re** **going to help**
He**'s**/She**'s**/It**'s** **going to help**

We**'re**/You**'re**/They**'re** **going to help**

▸ *Kurz- und Langformen: 55*

Negative statements

I**'m not** **going to help**
You **aren't** **going to help**
He/She/It **isn't** **going to help**

We/You/They **aren't** **going to help**

▸ *Kurz- und Langformen: 55*

Du bildest das *going to-future* mit ***am/are/is* + *going to* + Infinitiv**.

Questions

Am	I	**going to help**?
Are	you	**going to help**?
Is	he/she/it	**going to help**?
Are	we/you/they	**going to help**?

In Fragen sind Subjekt *(I, you, he, she, we, ...)* und *am/are/is* vertauscht.

Die Kurzantworten sind
- *Yes, I am / Yes, he is* usw.
- *No, I'm not / No, he isn't* usw.

Sieh dir die Bilder an und vervollständige die Sätze.

1 (Dan)  Dan *is* g... (play football) this afternoon. And Jo? What ... Jo ... do?

2 (Jo)  Jo ... (take photos) for a brochure.

20 Das Futur mit *will* (The *will*-future) 2: 3

20.1 Gebrauch (Use)

People will **live** longer in the future.
Die Menschen werden in Zukunft länger leben.

It will **be** cold and rainy tomorrow.
Morgen wird es kalt und regnerisch (werden/sein).

I'm sure you'll **find** a new job soon.
Ich bin sicher, dass du bald einen neuen Job finden wirst.

David will **be** at the party. I think you'll **like** him.
David wird auf der Party sein. Ich glaube, du wirst ihn mögen.

Du verwendest das Futur mit ***will***, um über die Zukunft zu sprechen.

Du kannst mit dem ***will-future***

- **Vorhersagen** äußern.
  Oft geht es dabei um Dinge, die man nicht beeinflussen kann, z.B. das Wetter.
- **Vermutungen** äußern.
  Vermutungen beginnen oft mit *I think*, *I'm sure* oder *maybe*.

Für Vorhersagen und Vermutungen: das Futur mit *will*

20.2 Form (Form)

Positive statements

I'**ll meet**	We'**ll meet**
You'**ll meet**	You'**ll meet**
He'**ll**/She'**ll**/It'**ll meet**	They'**ll meet**

▸ *Kurz- und Langformen: 55*

Du bildest das *will-future* mit ***will*** **+ Infinitiv**.
Es gibt für alle Personen nur eine Form.

Negative statements

I **won't meet**	We **won't meet**
You **won't meet**	You **won't meet**
He/She/It **won't meet**	They **won't meet**

▸ *Kurz- und Langformen: 55*

Die verneinte Form heißt ***won't***.
(Langform: ***will not***)

Questions

Will I **meet?**	**Will** we **meet?**
Will you **meet?**	**Will** you **meet?**
Will he/she/it **meet?**	**Will** they **meet?**

In Fragen sind Subjekt *(I, you, he, she, we, ...)* und *will* vertauscht.

Die Kurzantworten sind
- *Yes, I will / Yes, he will* usw.
- *No, I won't / No, he won't* usw.

She wants to help you. — Sie möchte dir helfen.
She will help you. — Sie wird dir helfen.

! Nicht verwechseln:
- ***I want to*** heißt „ich will", „ich möchte".
- ***I will*** heißt „ich werde".

Vervollständige diese Vorhersagen und Vermutungen mit will *oder* 'll *und dem richtigen Verb aus dem Kasten.*

1 Come and visit me! I'm sure you ... it here.
2 You don't know Susan? Well, you ... her at our party.
3 My mother ... 40 next year.
4 I don't think you ... a lot of money for your old computer.

be • get • like • meet

21 Frageanhängsel (Question tags) A2: 5 • B2/D2: Extra 5

21.1 Gebrauch (Use)

You're Jack Hanson, aren't you?
Du bist Jack Hanson, nicht wahr?

The pizzas were great, weren't they?
Die Pizzas waren klasse, ne?

Ananda's father isn't from India, is he?
Anandas Vater kommt nicht aus Indien, oder?

Wenn du von jemandem **Zustimmung** zu deiner Aussage erwartest, kannst du ein **Frageanhängsel** benutzen *(aren't you? / weren't they? / is he? / ...)*.
Deutsche Frageanhängsel sind zum Beispiel „nicht wahr?", „oder?", „ne?", „gell?" oder „woll?".

21.2 Form (Form)

Frageanhängsel bestehen aus **Hilfsverb + Personalpronomen**.

bejaht	verneint
The film was great,	wasn't it?
They've got good DVDs here,	haven't they?
Ananda can play hockey,	can't she?

- Wenn der **Aussagesatz bejaht** ist, ist das **Frageanhängsel verneint**.

verneint	bejaht
The CDs weren't too expensive,	were they?
You haven't got much money,	have you?
He can't cook very well,	can he?
She doesn't speak French,	does she?

- Wenn der **Aussagesatz verneint** ist, ist das **Frageanhängsel bejaht**.

These T-shirts **look** pretty cool, don't **they**?
Sophie **likes** healthy food, doesn't **she**?
You **met** her in Bristol, didn't **you**?

! Beachte:
Bejahte Aussagesätze mit Vollverben *(look, like, meet, ...)* enthalten im *simple present* und *simple past* kein Hilfsverb.
In diesen Fällen steht im Frageanhängsel ***don't/doesn't/didn't***.

There aren't many boys in your class, are there?
Es gibt nicht viele Jungen in deiner Klasse, oder?

! Beachte:
There ... im Aussagesatz bleibt ***there*** im Frageanhängsel: *There aren't ..., are **there**?*

Ordne die Frageanhängsel den Aussagen zu, z.B. 1 B.

1 Mr Shaw isn't working, ...
2 Ananda often helps in the shop, ...
3 Jack has got a parrot, ...
4 Prunella doesn't like Emily very much, ...
5 Polly can't sing very well, ...
6 This is an easy exercise, ...

A doesn't she?
B is he?
C can she?
D isn't it?
E does she?
F hasn't he?

Das Nomen (The noun)

22 Der Plural der Nomen (The plural of nouns) 1: 2

22.1 Form (Form) 1: 2

one parrot
(singular)

two parrot**s**
(plural)

Du bildest den Plural (die Mehrzahl) eines Nomens, indem du ein ***s*** an das Nomen anhängst.

Singular + s = Plural

Nach Zischlauten, z.B. [s], [z], [ʃ], [tʃ], [dʒ], wird *-es* oder *-s* angehängt, je nach Schreibung des Singulars:
*box – box**es**, cage – cage**s**.*

one child [aɪ]	two children [ɪ]	Kind, Kinder
man [æ]	men [e]	Mann, Männer
woman ['wʊmən]	women ['wɪmɪn]	Frau, Frauen
tooth	teeth	Zahn, Zähne
foot	feet	Fuß, Füße
mouse	mice	Maus, Mäuse
fish	fish	Fisch, Fische
sheep	sheep	Schaf, Schafe

! Einige Nomen haben **unregelmäßige Pluralformen**.

22.2 Das Plural-*s*: Aussprache/Schreibung (The plural-*s*: pronunciation/spelling) 1: 2

Bei der **Aussprache des Plural-*s*** kommt es auf den letzten Laut des Singulars an:

lamps [læmps] books [bʊks]
cats [kæts] months [mʌnθs]

[s] wie das Zischen der Schlange nach **stimmlosen Konsonanten** (Mitlauten), z.B. [p], [k], [t], [θ].

clubs [klʌbz] bags [bægz]
beds [bedz] girls [gɜːlz]
boys [bɔɪz] trees [triːz]

[z] wie das Summen der Biene nach **stimmhaften Konsonanten**, z.B. [b], [g], [d], [l], und nach allen **Vokalen** (Selbstlauten).

buses ['bʌsɪz] noses ['nəʊzɪz]
watches ['wɒtʃɪz] cages ['keɪdʒɪz]

[ɪz] nach **Zischlauten**, z.B. [s], [z], [tʃ], [dʒ].

Bei der **Schreibung** gibt es folgende Besonderheiten:

baby – babies city – cities
family – families hobby – hobbies

- ***-y*** nach **Konsonant** wird zu ***-ies***. (***-y*** nach **Vokal** bleibt ***-y***: ***boy – boys***.)

life [-f] – lives [-vz] shelf – shelves
thief – thieves wife – wives

- Nomen, die auf ***-f*** oder ***-fe*** enden, bilden den Plural meist mit ***-ves***.

hero – heroes potato – potatoes
tomato – tomatoes
(*aber:* disco – discos, photo – photos, radio – radios, ...)

- Die Nomen ***hero, potato*** und ***tomato*** bilden den Plural mit ***-es***.

Wie bildest du den Plural dieser Wörter? Ordne die Wörter den Buchstaben **A** *bis* **E** *zu, z.B. 1 C.*

1 activity • 2 body • 3 box • 4 child
5 day • 6 desk • 7 hutch • 8 wife
9 wolf • 10 woman

A -s **B** -es
C -ies **D** -ves
E unregelmäßig

23 Singular und Plural: Besonderheiten (Singular and plural: special cases)

K **Singular im Englischen – Plural im Deutschen**

Your **hair** is too long.
Deine **Haare** sind zu lang.

That's too much **homework.**
Das sind zu viele **Hausaufgaben**.

Here's some more **information** on Bath.
Hier sind noch ein paar **Informationen** über Bath.

OK, that's the bad **news**. And what's the good **news**?
OK, das ist die schlechte **Nachricht**. ... /
OK, das sind die schlechten **Nachrichten**. ...

Einige englische Nomen sind – anders als ihre deutschen Entsprechungen – **nicht zählbar**:
Sie haben keinen Plural, sondern stehen **immer im Singular**.
Achte darauf, dass auch die zugehörigen Begleiter, Verben und Pronomen im Singular stehen.

! Zu diesen Nomen gehört auch ***news***, obwohl es auf **-*s*** endet.

K **Plural im Englischen – Singular im Deutschen**

Those **trousers/jeans/shorts** are great.
Were they expensive?
Die **Hose/Jeans/Shorts** ist toll. War sie teuer?

I need some new **pyjamas**. These are too small.
Ich brauche einen neuen **Schlafanzug**. Dieser ist zu klein.

These **glasses** look nice. Can we buy them?
Diese **Brille** sieht gut aus. Können wir sie kaufen?

Einige englische Nomen werden – anders als ihre deutschen Entsprechungen – **immer im Plural** gebraucht:
Sie haben keinen Singular und dürfen nicht mit dem unbestimmten Artikel *a* oder mit den Zahlwörtern *one/two/three* ... verwendet werden.
Achte darauf, dass auch die zugehörigen Begleiter, Verben und Pronomen im Plural stehen.

I bought a new pair of **jeans** yesterday. — eine neue Jeans
Why do you need two pairs of **glasses**? — zwei Brillen

Wenn du eine bestimmte Anzahl Hosen, Brillen usw. nennen möchtest, musst du ***a pair of ..., two pairs of ...*** verwenden.

Clothes are quite cheap here.
Kleidung ist / **Kleider** sind ...

These **stairs** aren't very safe.
Diese **Treppe** ist / Diese **Treppen** sind ...

Where are the **police**? Did you call them?
Wo ist die **Polizei**? ...

! Zu diesen Nomen gehören auch ***clothes*** und ***stairs*** sowie ***police***, obwohl es kein Plural-*s* hat.

24 Der *s*-Genitiv (The possessive form) 1: 2

Wenn du sagen willst, dass etwas **jemandem gehört** (oder zu jemandem gehört), benutzt du den ***s*-Genitiv**.

English **Sophie**'s room
German **Sophie**s Zimmer

! Anders als im Deutschen wird im Englischen das ***s*** mit einem **Apostroph** angehängt.

Singular
My dog's basket is in the kitchen.
Polly's cage is in the living room.
Our teacher's name is Mr Kingsley.
Der Korb meines Hundes ... / Pollys Käfig ... / Der Name unseres Lehrers ...

- Im Singular wird ***'s*** an das Nomen angehängt. Für die Aussprache gelten dieselben Regeln wie für das Plural-*s*.
▸ *Aussprache des Plural-s: 22.2*

Plural
The twins' mum is in New Zealand.
The Kapoors' flat is over the shop.
Die Mutter der Zwillinge ... / Die Wohnung der Kapoors ...

- Wenn die Pluralform auf ***s*** endet, hängst du nur einen Apostroph (**'**) an.

Where are **Dan and Jo**'s cats?
Wo sind **Dan**s **und Jo**s Katzen?

- Wenn etwas zwei Personen gleichzeitig gehört, wird nur einmal ***'s*** angehängt – anders als im Deutschen.

*Wie viele Personen oder Tiere sind es? Sind es **ein** oder **mehrere** Schwestern, Lehrer/innen, Hamster, Katzen?*

1 **my sister's** bike
2 **my sisters'** car
3 **the teachers'** room
4 **the teacher's** bag
5 **the hamsters'** cage
6 **the cat's** ball

25 Die *of*-Fügung (The *of*-phrase)

Wenn du sagen willst, dass etwas **zu einer Sache gehört**, benutzt du die ***of*-Fügung**.

I like the colour of **your shirt.**	die Farbe deines Hemdes
What's the name of **the street**?	der Name der Straße

K

the woman's name	the name of the street
der Name **der Frau**	der Name **der Straße**

26 *one/ones* 2: 2

Wenn du ein schon einmal genanntes Nomen nicht wiederholen willst, kannst du ***one*** (Singular) bzw. ***ones*** (Plural) verwenden.

I've got three cats, two white ones and a black one.
Ich habe drei Katzen, zwei weiße und eine schwarze.

This CD shop isn't as good as the one in Elm Street.
Dieser CD-Laden ist nicht so gut wie der in der Elm Street.

Can you give me a pen, please?
– Of course. Which one would you like?
... – Natürlich. Welchen möchtest du?

Begleiter und Pronomen (Determiners and pronouns)

27 Artikel (Articles) 1:1

27.1 Form und Aussprache (Form and pronunciation) 1:1

Der **bestimmte Artikel** *(definite article)* heißt ***the***, der **unbestimmte Artikel** *(indefinite article)* heißt ***a*** oder ***an***.

Bestimmter Artikel			Unbestimmter Artikel		
the	boy	der Junge	a	boy	ein Junge
[ðə]	door	die Tür		door	eine Tür
	new car	das neue Auto		new car	ein neues Auto
	CDs	die CDs			
the	uncle	der Onkel	an	uncle	ein Onkel
[ði]	aunt	die Tante		aunt	eine Tante
	old car	das alte Auto		old car	ein altes Auto
	ideas	die Ideen			

- Wird das Nomen (bzw. das Adjektiv) am Anfang mit einem **Konsonanten** gesprochen, dann steht der unbestimmte Artikel ***a***, und ***the*** wird [ðə] ausgesprochen.
- Wird das Nomen (bzw. das Adjektiv) am Anfang mit einem **Vokal** gesprochen, dann steht der unbestimmte Artikel ***an***, und ***the*** wird [ði] ausgesprochen.

!

the uncle [ði‿'ʌŋkl] — the unit [ðə 'ju:nɪt]
an uncle [ən‿'ʌŋkl] — a unit [ə 'ju:nɪt]

the hour [ði‿'aʊə] — the house [ðə 'haʊs]
an hour [ən‿'aʊə] — a house [ə 'haʊs]

the MP3 player [ði‿ˌempi:'θri:] — the match [ðə 'mætʃ]
an MP3 player [ən‿ˌempi:'θri:] — a match [ə 'mætʃ]

! Vorsicht! Wichtig ist die **Aussprache** des Wortes, nicht, wie es geschrieben wird!

27.2 Besonderheiten (Special cases)

K

My brother is a paramedic.	Mein Bruder ist Sanitäter.
I want to be a doctor.	Ich will Arzt/Ärztin werden.

- Im Englischen stehen **Berufsangaben mit unbestimmtem Artikel**.

(to) play the guitar/piano/...	Gitarre/Klavier/... spielen
(to) listen to the radio	Radio hören
(to) be in a hurry	in Eile sein
(to) have a temperature	Fieber haben
(to) have a headache	Kopfschmerzen haben
(to) have a sore throat	Halsschmerzen haben

- Auch diese Wendungen stehen – im Gegensatz zu ihren deutschen Entsprechungen – **mit Artikel**.

(to) be at school	in der Schule sein
(to) be in hospital	im Krankenhaus sein
(to) go to school/work	zur Schule/zur Arbeit gehen
(to) go to bed	ins Bett gehen
in King Street	in der King Street
by car/bike/bus	mit dem Auto/Rad/Bus
before/after breakfast	vor/nach dem Frühstück
in November	im November
at night	in der Nacht, nachts
most people	die meisten Leute

- Diese englischen Wendungen stehen **ohne Artikel**.

28 Personalpronomen (Personal pronouns) 1: 1 / 1: 4

Subjektform (Subject form)	**Objektform** (Object form)
I can't do this.	Can you help me?
You can't see me.	But I can see you.
There's Jack. He's nice.	Can you see him?
Ananda? She's OK.	I like her.
The cat? It's here.	Can't you see it.
We can't do this.	Can you help us?
Dan and Jo, where are you?	I can't see you.
They're in the garden.	I can see them.

Personalpronomen stehen stellvertretend für ein Nomen (**Pro**nomen heißt „**für** ein Nomen").

Wie im Deutschen gibt es **Subjektformen** und **Objektformen**:

- **Subjekt** des Satzes sind die Personalpronomen ***I, you, he, she, it, we, you, they***.
- **Objekt** des Satzes sind die Personalpronomen ***me, you, him, her, it, us, you, them***.

Anders als im Deutschen gibt es für jede Person nur eine Objektform:
- *You can help* ***me/him/her/us/them****.*
  Du kannst ***mir/ihm/ihr/uns/ihnen*** *helfen.*
- *You can ask* ***me/him/her/us/them****.*
  Du kannst ***mich/ihn/sie/uns/sie*** *fragen.*

A **pencil**.
It's green.
Er ist grün.

A **school bag**.
It's red.
Sie ist rot.

A **ruler**.
It's brown.
Es ist braun.

! Das Pronomen ***it*** steht für **alle** Dinge. (Deutsch: „er", „sie", „es")

29 Possessivbegleiter (Possessive determiners) 1: 2

I	–	my room	mein Zimmer
you	–	your room	dein/Ihr Zimmer
he	–	his room	sein Zimmer
she	–	her room	ihr Zimmer
it	–	its room	sein/ihr Zimmer
we	–	our room	unser Zimmer
you	–	your room	euer/Ihr Zimmer
they	–	their room	ihr Zimmer

Die **Possessivbegleiter** ***my, your, his, her, its, our, your, their*** zeigen an, wem (oder zu wem) etwas gehört. Sie werden daher auch **besitzanzeigende Begleiter** genannt.

Their name is Taylor. They're new in our street.
Ihr Name ... Sie sind ...

I don't like your dog. But you're nice.
... deinen Hund ... du bist ...

His brother is 14, and he's 16.
[hɪz] [hi:z]
Sein Bruder ... er ist ...

It's a parrot, and its cage is in my room.
Es ist ... sein Käfig ...

! Einige Possessivbegleiter kann man leicht mit Kurzformen von *be* verwechseln.

30 Possessivpronomen (Possessive pronouns) 2: 2

my room –	mine	meiner, meine, meins
your room –	yours	deiner, deine, deins; Ihrer, Ihre, Ihrs
his room –	his	seiner, seine, seins
her room –	hers	ihrer, ihre, ihrs
our dog –	ours	unserer, unsere, unseres
your dog –	yours	eurer, eure, eures; Ihrer, Ihre, Ihrs
their dog –	theirs	ihrer, ihre, ihrs

Auch die **Possessivpronomen *mine, yours, his, hers, ours, yours, theirs*** drücken Besitz oder Zugehörigkeit aus. Sie werden daher manchmal **besitzanzeigende Pronomen** genannt.

Anders als die Possessivbegleiter *my, your, his, her* usw. stehen sie **allein, ohne Nomen**.

Du kannst ein Possessivpronomen verwenden, wenn du ein schon genanntes Nomen nicht noch einmal wiederholen willst:

statt *This is my T-shirt, not **your T-shirt**.*
lieber *This is my T-shirt, not **yours**.*

- ***my, your, his, her, our* usw. stehen vor einem Nomen: *my dog, your room, her CDs, our car***
- ***mine, yours, his, hers, ours* usw. stehen allein, ohne Nomen.**

31 *this, that – these, those* 1: 6

Sophie This is a nice dress. That **dress** is even nicer.
Dies (hier) ... Das Kleid dort ...
Ananda These **jeans** are great. And look at those **T-shirts**!
Diese Jeans/Die Jeans hier ... ... die T-Shirts da

Die Wörter *this* und *that* (Singular) und *these* und *those* (Plural) weisen auf etwas hin. Sie können

- **vor einem Nomen** oder
- **allein, anstelle eines Nomens** stehen.

Man nennt sie **Demonstrativbegleiter** *(demonstrative determiners)* bzw. **Demonstrativpronomen** *(demonstrative pronouns)*.

Wenn etwas **näher beim Sprecher** ist, verwendet man eher ***this*** (bzw. ***these***).

Wenn etwas **weiter entfernt** ist, verwendet man eher ***that*** (bzw. ***those***).

32 Mengenangaben (Quantifiers)

32.1 *much/many – a lot of* („viel/viele") 1:5

Zählbare Nomen (Countable nouns)

CD – CDs	apple – apples	idea – ideas	boy – boys
CD – CDs	Apfel – Äpfel	Idee – Ideen	Junge – Jungen

- **„viele"** steht mit dem Plural von zählbaren Nomen:
  ***viele* CDs, Äpfel, Ideen, Jungen, ...**

Nicht zählbare Nomen (Uncountable nouns)

milk	money	music	time
Milch	Geld	Musik	Zeit

- **„viel"** steht mit nicht zählbaren Nomen:
  ***viel* Milch, Geld, Musik, Zeit, ...**

Auch im Englischen musst du darauf achten, ob es sich um ein zählbares oder um ein nicht zählbares Nomen handelt:

How many **CDs** have you got? — Wie viele CDs ...?
– Not many. Only ten or twelve. — Nicht viele.
But I've got a lot of **DVDs.** — ... viele DVDs.

- Mit dem Plural von zählbaren Nomen verwendest du ***many*** oder ***a lot of***:
  ***many* CDs, apples, ideas, boys, ...**
  ***a lot of* CDs, apples, ideas, boys, ...**

How much **milk** do we need? — Wie viel Milch ...?
– Not much. Just three or four bottles. — Nicht viel.
But we need a lot of **juice.** — ... viel Saft.

- Mit nicht zählbaren Nomen verwendest du ***much*** oder ***a lot of***:
  ***much* milk, money, music, time, ...**
  ***a lot of* milk, money, music, time, ...**

!

Bejahter Aussagesatz:	We need a lot of/lots of oranges and a lot of/lots of juice.
Verneinter Aussagesatz:	But we don't need many apples. And we don't need much milk.
Frage:	Were there many people at your party last Saturday? Did you spend much money on food and drink?

! Beachte, dass in **bejahten Aussagesätzen** meist ***a lot of*** (oder ***lots of***) steht.

In **verneinten Aussagesätzen** und in **Fragen** wird dagegen eher ***many*** bzw. ***much*** verwendet.

How many cakes? **How much milk?**

a lot of/ lots of **not many** **a lot of/ lots of** **not much**

Wo brauchst du much, *wo brauchst du* many?

1 How ... e-mails do you get every week?
2 How ... chocolate do you eat every week?
3 How ... pocket money do you get?
4 My brother doesn't have ... friends.
5 We don't eat ... meat at home.
6 I haven't got ... DVDs.

32.2 *some/any* 1:4

\+ Can you go to the shops? We need some **oranges**.
... Wir brauchen einige/ein paar **Apfelsinen**.
I'm hungry. – There's some **cheese** in the fridge.
... Im Kühlschrank ist etwas/ein bisschen **Käse**.

– We have**n't** got any **milk**.
Wir haben keine **Milch** (mehr).
? Are there any **biscuits**? – No, there are**n't** any.
Gibt es (noch) **Kekse**. – Nein, es sind keine mehr da.

- ***some*** steht vor allem in **bejahten Aussagesätzen (+)**. Es bedeutet „einige" *(some CDs/apples/boys/...)* oder „etwas" *(some milk/money/music/...)*.
- ***any*** steht vor allem in **verneinten Aussagesätzen (–)** und in **Fragen (?)**. (Im Deutschen kann man fragen „Haben wir Kekse?", aber im Englischen steht meist ***any***: *Have we got **any** biscuits?*)

32.3 *somebody/anybody – something/anything – somewhere/anywhere* A2: 2 • B2/D2: 5

+	I think there's somebody at the door.	jemand
–	No, there is**n't** anybody there.	niemand
?	Can you see anybody?	(irgend)jemand
+	Let's go and get something to eat.	etwas
–	I'm too nervous. I ca**n't** eat anything.	nichts
?	Is there anything I can do for you?	(irgend)etwas
+	I'd like to go somewhere hot this year.	irgendwo(hin)
–	I do**n't** want to go anywhere.	nirgendwo(hin)
?	Did you go anywhere last year?	irgendwo(hin)

Für die Zusammensetzungen mit ***some-*** und ***any-*** gelten dieselben Regeln wie für ***some*** und ***any***:

- ***somebody, something, somewhere*** stehen vor allem in **bejahten Aussagesätzen (+)**.
- ***anybody, anything, anywhere*** stehen vor allem in **verneinten Aussagesätzen (–)** und in **Fragen (?)**.

32.4 *some, something* usw. in Angeboten und Bitten (*some, something* etc. in offers and requests) 1:4

- **In bejahten Aussagesätzen:** ***some, somebody, something, somewhere.***
- **In verneinten Aussagesätzen und in Fragen:** ***any, anybody, anything, anywhere.***

! In Fragen, die eigentlich ein **Angebot** oder eine **Bitte** sind, verwendest du ***some, something*** usw.

Aber bei Fragen, die ein Angebot oder eine Bitte sind: *some, something* usw.

Wo brauchst du some, *wo brauchst du* any?

1 We've got ... chocolate, but there aren't ... biscuits.
2 We don't need ... fruit, but we need ... cheese.
3 Can I have ... milk, please? – Sorry, there isn't ... milk. Would you like ... juice?

Das Adjektiv (The adjective)

33 Gebrauch (Use)

2: 2

Laura's **bike** is very old.

She'd like a new **bike** for her birthday.

Adjektive verwendest du, um **Eigenschaften** oder **Merkmale** einer Person oder Sache zu beschreiben.

34 Die Steigerung der Adjektive (The comparison of adjectives)

2: 2

Die **Steigerungsformen** der Adjektive verwendest du, um Personen oder Dinge miteinander zu vergleichen – z.B., wenn du sagen möchtest, dass jemand älter, jünger oder schlauer ist als jemand anderes.

34.1 *-er/-est*

	Komparativ	Superlativ
old alt	**old**er älter	(the) **old**est der/die/das älteste ...; am ältesten
funny witzig	**funni**er witziger	(the) **funni**est der/die/das witzigste ...; am witzigsten

I think Sophie is nicer than her sister Emily.

Emily is bigger.

Who do you think is prettier?

Mit ***-er/-est*** werden gesteigert

- **einsilbige Adjektive** *(old, small, dark, big, ...)*
- **zweisilbige Adjektive** mit der Endung ***-y*** *(funny, happy, pretty, easy, ...).*

! Schreibung:

- Ein stummes ***e*** fällt weg: *nic**e** – nic**er** – nic**est**.*
- Nach einem einzelnen, betonten Vokal wird der Konsonant verdoppelt: *bi**g** – bi**gger** – bi**ggest**.*
- ***y*** + ***-er/-est*** wird zu ***-ier/-iest***: *prett**y** – prett**ier** – prett**iest**.*

34.2 *more/most*

	Komparativ	Superlativ
careful vorsichtig	more **careful** vorsichtiger	(the) most **careful** der/die/das vorsichtigste ...; am vorsichtigsten
difficult schwierig	more **difficult** schwieriger	(the) most **difficult** der/die/das schwierigste ...; am schwierigsten

Die meisten anderen Adjektive werden mit ***more/most*** gesteigert.
Beispiele: *careful, boring, terrible, expensive, difficult, ...*

34.3 Unregelmäßige Steigerung (Irregular comparison)

	Komparativ	Superlativ
good	better	(the) best
bad	worse	(the) worst
much/ many	more	(the) most

Die Adjektive ***good, bad*** und ***much/many*** haben besondere Steigerungsformen.

35 Das Adjektiv in Vergleichen (The adjective in comparisons)

2: 2

Jack Hanson (12)

Jack is as **old** as Sophie.
Jack ist so alt wie Sophie.

He is not as **old** as Emily.
Er ist nicht so alt wie Emily.

Sophie Carter-Brown (12)

Emily is **old**er than Sophie.
Emily ist älter als Sophie.

! Nie: ... *older* ~~*as*~~ ...

Emily Carter-Brown (14)

Emily is the **old**est,
and Toby is the **young**est.
Emily ist die älteste,
und Toby ist der jüngste.

Toby Carter-Brown (9)

Toby is nine.
Emily is **older than** him.
... älter als er

Sophie is Toby's sister.
He isn't **as old as** her.
... nicht so alt wie sie

- Wenn Personen oder Dinge **gleich** sind, dann verwendest du ***as ... as***:
as old/big/expensive/... as.
(Verneint: ***not as old/big/expensive/... as***)

- Wenn Personen oder Dinge **unterschiedlich** sind, dann verwendest du die 1. Steigerungsform (Komparativ) + ***than***:
older/bigger/more expensive/... than.

- Wenn du sagen möchtest, wer oder was am ältesten/größten/teuersten ist, verwendest du ***the*** + 2. Steigerungsform (Superlativ):
the oldest/biggest/most expensive/...

! Nach ***than*** und ***as ... as*** stehen die Personalpronomen ***me/him/her/us*** usw.
(nicht: *I/he/she/we* usw.)

Sieh dir die Zeichnungen an und vervollständige die Vergleiche.

1 (old) Monty is ... ... Sandy. Rex is ... ... Monty and Sandy. Rex is the ...

2 (fast) The cat is ... ... the hamster. The horse is ... ...

3 (expensive) The CD player is ... ... the MP3 player.
The TV is ... ... the CD player. The computer is the ... ...

Das Adverb der Art und Weise (The adverb of manner)

36 Gebrauch (Use)

2: 3

Hedgehogs are **quiet** animals.
Hedgehogs are very **slow**.

Hedgehogs walk slowly and quietly.
Igel gehen langsam und leise.

► *Stellung der Adverbien der Art und Weise: 8.2*

- **Adjektive** beschreiben ein Nomen näher. Sie sagen aus, wie etwas oder jemand **ist**.
- **Adverbien der Art und Weise** beschreiben ein Verb näher. Sie sagen aus, wie jemand etwas **tut** oder wie etwas **geschieht**.

37 Form (Form)

2: 2

37.1 Regelmäßige Formen (Regular forms)

Adjektiv			**Adverb**
	quiet	→	quietly
	slow	→	slowly
	careful	→	carefully

Die meisten Adverbien der Art und Weise entstehen durch Anhängen von ***-ly*** an das Adjektiv.

Ananda was **angry** with Dilip. She shouted at him angrily.

The weather was **horrible** last night. It rained horribly.

It was a **fantastic** match yesterday. We played fantastically.

! **Schreibung:**
- ***y*** + ***-ly*** wird zu ***-ily***:
  *angry – angr**ily***   *easy – eas**ily***.
- ***le*** wird zu ***ly***:
  *terrible – terrib**ly***   *horrible – horrib**ly***.
- Nach ***ic*** wird ***ally*** angehängt:
  *fantastic – fantast**ically***.

37.2 Unregelmäßige Formen (Irregular forms)

Einige Adverbien der Art und Weise haben eine unregelmäßige Form.

Adjektiv Ananda did a **good** job with the hedgehogs.
Adverb Ananda did the job well.

- Das Adverb zu ***good*** heißt ***well***.

Adjektiv Rabbits are very **fast**.
Adverb Rabbits can run very fast.

Adjektiv It was **hard** work to save the hedgehogs.
Adverb Ananda worked hard to save the hedgehogs.

- Bei ***fast*** und ***hard*** sind Adjektiv und Adverb gleich.

Welches Wort ist richtig, das Adjektiv oder das Adverb?

1 (careful / carefully) My grandfather always drives ...
2 (quick / quickly) He packed his school bag ... and ran to the bus.
3 (sad / sadly) We were very ... when our cat died.
4 (horrible / horribly) The weather is ... . Let's stay at home.
5 (good / well) Ananda is a ... player, but she isn't the best in the team.
6 (good / well) I can play the piano very ...

38 **Die Steigerung der Adverbien der Art und Weise (The comparison of adverbs of manner)** 2: Extra 3

Auch Adverbien der Art und Weise können gesteigert werden:

quickly	– more quickly	– most quickly
carefully	– more carefully	– most carefully

- Adverbien, die auf ***-ly*** enden, werden mit ***more/most*** gesteigert.

fast	– faster	– fastest
hard	– harder	– hardest

- Einsilbige Adverbien werden mit ***-er/-est*** gesteigert.

well	– better	– best
badly	– worse	– worst

- Wie die Adjektive ***good*** und ***bad*** haben auch die Adverbien ***well*** und ***badly*** besondere Steigerungsformen.

Fragewörter (Question words)

39 ***who***

Who plays hockey? – Ananda does. **Wer?**
Who did you meet at the party? – Sophie. **Wen?**
Who does Dilip help on Sundays? – His parents. **Wem?**

▸ *Fragen nach dem Subjekt / Fragen nach dem Objekt: 6.3*

Mit ***who*** wird nach Personen gefragt. Deutsche Entsprechungen für ***who*** sind ***„wer“*** (Fragen nach dem Subjekt) bzw. ***„wen“ / „wem“*** (Fragen nach dem Objekt).

40 ***whose***

Whose **mother** lives in New Zealand? **Wessen?**
Whose **shoes** do you like better: Jack's or mine?

▸ *Fragen nach dem Subjekt / Fragen nach dem Objekt: 6.3*

Mit ***whose*** (**+ Nomen**) wird gefragt, wem oder zu wem etwas oder jemand gehört.

41 ***what***

What happened in the park today? **Was?**
What did you do last Saturday?

▸ *Fragen nach dem Subjekt / Fragen nach dem Objekt: 6.3*

Mit ***what*** wird nach Dingen oder Ereignissen gefragt.

42 ***which***

Which **bus** goes to Bath? **Welcher?**
Which **bus** do we have to take? **Welchen?**
Which **of these bags** is Sophie's? **Welche?**
And which is yours?
Which **girl** in your class speaks Spanish? **Welches?**

▸ *Fragen nach dem Subjekt / Fragen nach dem Objekt: 6.3*

Mit ***which*** (**+ Nomen)** fragt man nach Dingen oder Personen **aus einer begrenzten Anzahl**:
- *„Welcher Bus (von denen, die hier abfahren)?“*
- *„Welche Tasche (von denen, die ich hier vor mir habe)?“*
- *„Welches Mädchen (von denen aus deiner Klasse)?“*

! What **colour** is your car?
(Welche von allen denkbaren Farben? – Anzahl unbegrenzt)
Which **colour** do you like better, red or blue?
(Welche von den genannten Farben? – Anzahl begrenzt)

43 ***when – where – why – how***

When do you get up on school days?	**Wann?**	■ **Zeit**
Where is your sister? Where are you going?	**Wo?** **Wohin?**	■ **Ort und Richtung**
Why did he go home? – Because he felt ill.	**Warum?**	■ **Grund**
How do you spell 'parrot'?	**Wie?**	■ **Art und Weise**
How many **boys** are there in your class?	**Wie viele?**	■ **Anzahl**
How much **money** have we got?	**Wie viel?**	■ **Menge**
How much is the T-shirt?	**Wie viel?**	■ **Preis.**

Bei diesen Fragewörtern geht es um Zeit, Ort und Richtung, Grund, Art und Weise, Anzahl, Menge, Preis.

Präpositionen (Prepositions)

44 **Gebrauch (Use)**

Where's my school bag?
– It's there, on the sofa / under your desk / behind the chair / in the cupboard / ...

Präpositionen (Verhältniswörter) kennzeichnen unter anderem räumliche und zeitliche Verhältnisse.

Sie lassen sich einteilen in

at, behind, between, in, next to, on, under, ... **into, on, out of, through, under, up, ...**	■ Präpositionen des **Ortes** und der **Richtung**
after, at, before, between, in, on, past, till, ...	■ Präpositionen der **Zeit**
about, for, from, of, on, like, with, without, ...	■ **sonstige** Präpositionen.

K

Who are you **talking** about?	Über wen / Von wem ...?
Where do they **come** from?	Woher / Von wo ... ?
What are you **thinking** of?	Woran / An was ... ?
What is she **laughing** at?	Worüber / Über was ... ?

! Präpositionen stehen normalerweise vor einem Nomen oder Pronomen *(on the sofa; on it)*. Aber in Fragesätzen mit *who, what* usw. stehen sie hinter dem Verb.

45 **Englisch *on* • Deutsch „bei", „von", „vor"**

on	Your books are on the table.	auf dem Tisch
	Let's meet on Monday.	am Montag
	Here's a question on the text.	zum Text
bei	I was at the Shaw's yesterday.	bei den Shaws
	You can stay with us.	bei uns
von	These books are by J.K. Rowling.	von J.K.Rowling (geschrieben)
	Here is a photo of J.K. Rowling.	ein Foto von J.K.R.
	I got a letter from J.K. Rowling.	ein Brief von J.K.R.
vor	Let's meet in front of the church.	vor der Kirche
	Do you go to bed before ten?	vor zehn Uhr
	It's quarter to twelve.	Viertel vor zwölf
	My rabbit died two months ago.	vor zwei Monaten

! Präpositionen können verschiedene Verhältnisse kennzeichnen – und dabei verschiedene Entsprechungen haben.

Konjunktionen (Conjunctions)

46 Gebrauch (Use)

Mum and **Dad** are in the garden.

Do you want to play **in the garden** or **by the river**?

He felt ill and **stayed at home.**
He stayed at home because **he felt ill.**

Konjunktionen (Bindewörter) verbinden

- Wörter
- Satzteile
- Sätze.

46.1 Nebenordnende Konjunktionen (Coordinating conjunctions)

and, but, or, ...

Nebenordnende Konjunktionen verbinden Hauptsätze oder Satzteile.
(Sie werden auch koordinierende Konjunktionen genannt.)

46.2 Unterordnende Konjunktionen (Subordinating conjunctions)

after, as, because, before, if, so (that), that, till, when, ...

Hauptsatz	**Nebensatz**
Mr Dean made tea	when his wife came home from work.
Mr Dean machte Tee,	als seine Frau von der Arbeit heimkam.

When his wife came home from work, Mr Dean made tea.

Unterordnende Konjunktionen leiten Nebensätze ein und verbinden sie mit Hauptsätzen.
(Unterordnende Konjunktionen werden auch subordinierende Konjunktionen genannt.)

Der Nebensatz kann auch vor dem Hauptsatz stehen.

K

Nebensatz / Hauptsatz

	S	V	O	S	V	O
When	she	left	school,	she	started	her first company.

Als sie die Schule verließ, gründete sie ihre erste Firma.

! Beachte die Unterschiede bei der Wortstellung:

- In englischen Nebensätzen ist die Wortstellung **S – V – O**.
- Die Wortstellung im englischen Hauptsatz bleibt **S – V – O**, auch wenn der Hauptsatz auf den Nebensatz folgt.

Bedingungssätze (Conditional sentences)

47 Bedingungssätze, Typ 1 (Conditional sentences, type 1)

2: 3

if-Satz (*if*-clause)	Hauptsatz (Main clause)
If it rains, Wenn es regnet,	we'll stay at home. werden wir zu Hause bleiben.
Bedingung	**Folge**

Bedingungssätze bestehen aus zwei Teilen: einem **Nebensatz mit *if*** („wenn", „falls") und einem **Hauptsatz**.

Bedingungssätze vom Typ 1 sind **„Was ist, wenn …"-Sätze**.
Sie beschreiben, was unter bestimmten Bedingungen geschieht (oder nicht geschieht).
Die Bedingung steht im *if*-Satz.
Im Hauptsatz wird die Folge genannt („was passiert, wenn die Bedingung erfüllt wird").

if-Satz: simple present	Hauptsatz: *will*-future
If the weather is good,	we'll have a party in the garden.
If you don't go now,	you'll be late.

Im *if*-Satz steht das *simple present*.
Im Hauptsatz steht meist das *will-future*.

If you visit me, I can show you my rabbits.
If you need more information, call our hotline.

Im Hauptsatz kann auch ein Modalverb *(can, must, …)* oder ein Imperativ (Befehl, Aufforderung) stehen.

! When I see Grandma, I'll ask her to phone you.
Wenn (= Sobald / Dann wenn) ich Oma sehe, …
(Es steht schon fest, dass ich Oma sehen werde.)

If I see Grandma, I'll ask her to phone you.
Wenn (= Falls) ich Oma sehe, …
(Es ist noch unsicher, ob ich Oma sehen werde.)

! Verwechsle nicht *when* und *if*:

- ***when*** = „sobald", „dann wenn"
- ***if*** = „falls", „wenn".

Schreib die Sätze mit der richtigen Verbform in dein Heft.

1 If you're free tomorrow, **(do you help / will you help)** me in the garden?
2 If you **(don't have / won't have)** time, I **(ask / will ask)** Steve.
3 We can go to the cinema this evening if there **(is / will be)** a good film.

48 Bedingungssätze, Typ 2 (Conditional sentences, type 2)

A2: **Extra** 6

1 If I found £100, I would take it to the police.
Wenn ich 100 Pfund fände/finden würde, würde ich sie zur Polizei bringen.

2 If Grandma was younger, she would learn to ski.
Wenn Oma jünger wäre, würde sie Ski fahren lernen.

Bedingungssätze vom Typ 2 sind **„Was wäre, wenn …"-Sätze**.
Der Sprecher hält es für unwahrscheinlich (oder es ist unmöglich), dass die Bedingung aus dem *if*-Satz erfüllt wird:
(1) Es ist unwahrscheinlich, dass ich 100 Pfund finde.
(2) Oma ist nun mal nicht jünger, also wird sie wohl nicht Ski fahren lernen.
Beide Sätze sagen nur, was wäre, wenn …

***if*-Satz: simple past**	**Hauptsatz: *would/could* + Infinitiv**
If my sister had a job,	she would have enough money.
If you were really thirsty,	you'd be happy to drink water.
If you didn't talk,	we could hear the teacher better.

Im *if*-Satz steht das *simple past*.
Im Hauptsatz steht *would* + Infinitiv oder *could* + Infinitiv.

Im *if*-Satz *simple past* (nicht ~~*would*~~)!

If Grandma were younger, she would learn to ski.

! Statt *was* steht im *if*-Satz manchmal *were*.

Wenn ich du wäre, würde ich … / Ich an deiner Stelle würde …

Für **Ratschläge** kannst du die Wendung ***If I were you, …*** verwenden.

Vervollständige die Sätze mit den richtigen Wörtern aus dem Kasten.

1 If we … more time, we would look at some more sights.
2 If we … his number, we could phone him.
3 I … wear that awful hat if I … you!

were • had • knew • wouldn't

Relativsätze (Relative clauses)

49 **Gebrauch (Use)** A2: 5 / D2: **Extra** 6

That's the **girl** who we met at Sophie's party.
Das ist das Mädchen, das wir auf Sophies Party getroffen haben.

Is this the **bus** which goes to Bath?
Ist das der Bus, der nach Bath fährt?

Relativsätze beziehen sich auf ein Nomen. Sie bestimmen dieses Nomen genauer: Erst durch den Relativsatz wissen wir, wer oder was genau gemeint ist.

K

	S	V	O	
The woman	who	helped	us	...
Die Frau,	die	uns	geholfen hat,	...

! **Beachte** die unterschiedliche Wortstellung in englischen und deutschen Relativsätzen.

50 **Die Relativpronomen *who, which, that***
(The relative pronouns *who, which, that*)

A2: 5 / D2: **Extra** 6

Do you know the song 'The **man** who sold the world'?
... „Der Mann, der die Welt verkaufte"

- Das Relativpronomen ***who*** steht in Relativsätzen, die **Personen** beschreiben: *the **man/woman/people** **who** ...*

We're going to do a **project** which starts with a quiz.
... ein Projekt, das mit einem Quiz beginnt.

- Das Relativpronomen ***which*** steht in Relativsätzen, die **Dinge (und Tiere)** beschreiben: *the **project/bag/animals** **which** ...*

Ananda is the only **person** who/that understands me.
... die einzige Person, die mich versteht.
Is that the **brochure** which/that I gave you?
... die Broschüre, die ich dir gegeben habe?

- Das Relativpronomen ***that*** kannst du für **Personen und Dinge** verwenden. (Für Personen wird allerdings häufiger *who* benutzt.)

who **für Personen**
which **für Dinge**
that **für Personen und Dinge**

Wo brauchst du who, *wo brauchst du* which?

1 I like films ... tell a good story.
2 What's the name of the boy ... helps in his parents' Bed & Breakfast?
3 Ananda is the girl ... lives above a shop.
4 I found a shop ... sells cheap CDs and DVDs.

51 Das Relativpronomen *whose* (The relative pronoun *whose*)

A2: 5

I have a **friend** whose parents come from Italy.
... einen **Freund**, dessen Eltern aus Italien kommen.

Bristol is a **city** whose people are really friendly.
... eine **Stadt**, deren Bewohner/innen wirklich freundlich sind.

Das Relativpronomen ***whose*** („dessen", „deren") bezieht sich meist auf Personen, wird aber auch für Dinge und Tiere benutzt. Das Relativpronomen *whose* steht immer mit einem Nomen.

K Who's the boy whose **father** needs a wheelchair?
Wer ist der Junge, dessen **Vater** einen Rollstuhl braucht?

! Verwechsle ***whose*** nicht mit der Kurzform ***who's (who is)***.

52 Relativsätze ohne Relativpronomen (Contact clauses)

A2: **Extra** 6

Die Relativpronomen *who, which* und *that* können **Subjekt** oder **Objekt** sein:

		Subject	
1	Jack is the boy	**who**	doesn't like sports.
	Jack ist der Junge,	der	keinen Sport mag.
	That's the bus	**which**	goes to Bath.
	Das ist der Bus,	der	nach Bath fährt.

(1) In diesen Sätzen sind die Relativpronomen **Subjekt** des Relativsatzes. Sie stehen direkt vor dem Verb.

		Object	**Subject**	
2	Jack is the boy	who	**Polly**	loves.
	Jack ist der Junge,	den	**Polly**	liebt.
	That's the bus	which	**we**	have to take.
	Das ist der Bus,	den	**wir**	nehmen müssen.

(2) Hier sind die Relativpronomen Objekt des Relativsatzes.

Jack is **the boy** Polly loves.
That's **the bus** we have to take.
There's **the girl** we met at the party last week.
Da ist das Mädchen, das wir ... getroffen haben.
Bath is **one of the nicest cities** I know.
Bath ist eine der schönsten Städte, die ich kenne.

Wenn das Relativpronomen **Objekt** des Relativsatzes ist, dann wird es **oft weggelassen**.
Relativsätze ohne Relativpronomen nennt man *contact clauses*.

That's the bus **which goes** to Bath.

(*not:* That's ~~the bus goes to Bath~~.)

! Wenn das **Relativpronomen direkt vor dem Verb** steht, ist es Subjekt – dann darfst du es **nicht weglassen**!

In welchen Sätzen kannst du das Relativpronomen weglassen? Schreibe die Sätze als contact clauses *in dein Heft.*

1 Here are the CDs **that** you wanted.
2 The bike **which** you bought me is great.
3 Where did you put the CDs **which** were on the table?
4 Is that the boy **who** you don't like?
5 Do you know the girl **who** won the race?

Indirekte Rede (Indirect speech)

53 Indirekte Aussagen (Indirect statements) A2: **Extra** 6

Direkte Rede
(Direct speech)

Wenn du berichtest, was jemand sagt, benutzt du **indirekte Rede**.
Die indirekte Rede wird mit Verben wie *say, tell sb., add, answer* eingeleitet.

Wie im Deutschen musst du in der indirekten Rede die Pronomen und Verbformen der Sicht des Sprechers anpassen:
Direkte Rede: *'I love **you**.'*
Indirekte Rede: *He says **he** loves **me**.*

Indirekte Rede
(Indirect speech)

Polly Jack **says** (that) he loves me.
Jack sagt, dass er mich liebt.

K

S V O
Ananda says (that) she loves hockey.

Ananda sagt, dass sie Hockey liebt.

- Vor der indirekten Rede steht **kein Komma**.
- Die Konjunktion *that* wird oft weggelassen.
- Die Wortstellung ist wie in allen Nebensätzen **S – V – O**.

54 Indirekte Fragen (Indirect questions) A2: **Extra** 6

Direkte Rede
(Direct speech)

Indirekte Fragen kannst du mit *ask* oder *want to know* einleiten.

Indirekte Rede
(Indirect speech)

Polly **wants to know** when Jack is going to feed her.
Polly möchte wissen, wann Jack sie füttern wird.

- Auch in indirekten Fragen ist die Wortstellung wieder **S – V – O**:

  S V O
  ... when Jack is going to feed her.

Direkte Rede
(Direct speech)

How do you **feel** today?

Indirekte Rede
(Indirect speech)

He always asks me how I feel.
Er fragt mich immer, wie es mir geht.

- Es gibt in indirekten Fragen **keine** Umschreibung mit *do/does/did*:
  Direkte Frage: *'How **do** you **feel**?'*
  Indirekte Frage: *He asks how I **feel**.*

Kurz- und Langformen (Short and long forms)

55 **Übersicht (Overview)**

Beim Sprechen und in persönlichen Briefen werden meist **Kurzformen** verwendet.

be

I'm	I am	**here's**	here is
you're	you are	**there's**	there is
he's	he is	**what's**	what is
she's	she is	**when's**	when is
it's	it is	**where's**	where is
we're	we are	**who's**	who is
you're	you are	**how's**	how is
they're	they are	**that's**	that is

have

I've	I have	**I'd**	I had
you've	you have	**you'd**	you had
he's	he has	**he'd**	he had
she's	she has	**she'd**	she had
it's	it has	**it'd**	it had
we've	we have	**we'd**	we had
you've	you have	**you'd**	you had
they've	they have	**they'd**	they had

will / would

I'll	I will	**I'd**	I would
you'll	you will	**you'd**	you would
he'll	he will	**he'd**	he would
she'll	she will	**she'd**	she would
it'll	it will	**it'd**	it would
we'll	we will	**we'd**	we would
you'll	you will	**you'd**	you would
they'll	they will	**they'd**	they would

Hilfsverb + not

isn't	is not	**hasn't**	has not	**don't**	do not	**can't**	cannot
aren't	are not	**haven't**	have not	**doesn't**	does not	**couldn't**	could not
						mustn't	must not
wasn't	was not	**hadn't**	had not	**didn't**	did not	**needn't**	need not
weren't	were not					**won't**	will not
						wouldn't	would not

Unregelmäßige Verben (Irregular verbs)

56 Übersicht (Overview)

Infinitive	Simple past form	Past participle	
(to) **be**	**was/were**	**been**	sein
(to) **become**	**became**	**become**	werden
(to) **begin**	**began**	**begun**	beginnen, anfangen (mit)
(to) **break** [eɪ]	**broke**	**broken**	(zer)brechen; kaputt machen; kaputt gehen
(to) **bring**	**brought**	**brought**	(mit-, her)bringen
(to) **build**	**built**	**built**	bauen
(to) **buy**	**bought**	**bought**	kaufen
(to) **catch**	**caught**	**caught**	fangen; erwischen
(to) **choose** [uː]	**chose** [əʊ]	**chosen** [əʊ]	(aus)wählen; (sich) aussuchen
(to) **come**	**came**	**come**	kommen
(to) **cut**	**cut**	**cut**	schneiden
(to) **do**	**did**	**done** [ʌ]	tun, machen
(to) **drink**	**drank**	**drunk**	trinken
(to) **drive** [aɪ]	**drove**	**driven** [ɪ]	*(ein Auto)* fahren
(to) **eat**	**ate** [et, eɪt]	**eaten**	essen
(to) **fall**	**fell**	**fallen**	(hin)fallen, stürzen
(to) **feed**	**fed**	**fed**	füttern
(to) **feel**	**felt**	**felt**	(sich) fühlen; sich anfühlen
(to) **find**	**found**	**found**	finden
(to) **fly**	**flew**	**flown**	fliegen
(to) **forget**	**forgot**	**forgotten**	vergessen
(to) **get**	**got**	**got**	bekommen; holen; werden; (hin)kommen
(to) **give**	**gave**	**given**	geben
(to) **go**	**went**	**gone** [ɒ]	gehen, fahren
(to) **grow**	**grew**	**grown**	wachsen
(to) **have (have got)**	**had**	**had**	haben, besitzen
(to) **hear** [ɪə]	**heard** [ɜː]	**heard** [ɜː]	hören
(to) **hide** [aɪ]	**hid** [ɪ]	**hidden** [ɪ]	(sich) verstecken
(to) **hit**	**hit**	**hit**	schlagen
(to) **hold**	**held**	**held**	halten
(to) **hurt**	**hurt**	**hurt**	wehtun; verletzen
(to) **keep**	**kept**	**kept**	*(warm/offen/...)* halten
(to) **know** [nəʊ]	**knew** [njuː]	**known** [nəʊn]	wissen; kennen
(to) **lay** the table	**laid**	**laid**	den Tisch decken
(to) **leave**	**left**	**left**	(weg)gehen; abfahren; verlassen; zurücklassen
(to) **lend**	**lent**	**lent**	(ver)leihen
(to) **let**	**let**	**let**	lassen
(to) **lose** [uː]	**lost** [ɒ]	**lost** [ɒ]	verlieren
(to) **make**	**made**	**made**	machen; bauen; bilden
(to) **mean** [iː]	**meant** [e]	**meant** [e]	bedeuten; meinen
(to) **meet**	**met**	**met**	(sich) treffen
(to) **pay**	**paid**	**paid**	bezahlen
(to) **put**	**put**	**put**	legen, stellen, *(wohin)* tun
(to) **read** [iː]	**read** [e]	**read** [e]	lesen
(to) **ride** [aɪ]	**rode**	**ridden** [ɪ]	reiten; *(Rad)* fahren

Infinitive	Simple past form	Past participle	
(to) **ring**	**rang**	**rung**	klingeln, läuten
(to) **run**	**ran**	**run**	rennen, laufen
(to) **say** [eɪ]	**said** [e]	**said** [e]	sagen
(to) **see**	**saw**	**seen**	sehen; besuchen, aufsuchen
(to) **sell**	**sold**	**sold**	verkaufen
(to) **send**	**sent**	**sent**	schicken, senden
(to) **set** a trap	**set**	**set**	eine Falle stellen
(to) **shine**	**shone** [ɒ]	**shone** [ɒ]	scheinen *(Sonne)*
(to) **show**	**showed**	**shown**	zeigen
(to) **shut** up	**shut**	**shut**	den Mund halten
(to) **sing**	**sang**	**sung**	singen
(to) **sit**	**sat**	**sat**	sitzen; sich setzen
(to) **sleep**	**slept**	**slept**	schlafen
(to) **speak**	**spoke**	**spoken**	sprechen
(to) **spend**	**spent**	**spent**	*(Zeit)* verbringen; *(Geld)* ausgeben
(to) **stand**	**stood**	**stood**	stehen; sich (hin)stellen
(to) **steal**	**stole**	**stolen**	stehlen
(to) **stick** on	**stuck**	**stuck**	aufkleben
(to) **swim**	**swam**	**swum**	schwimmen
(to) **take**	**took**	**taken**	nehmen; (weg-, hin)bringen
(to) **teach**	**taught**	**taught**	unterrichten, lehren
(to) **tell**	**told**	**told**	erzählen, berichten
(to) **think**	**thought**	**thought**	denken, glauben, meinen
(to) **throw**	**threw**	**thrown**	werfen
(to) **understand**	**understood**	**understood**	verstehen
(to) **wear** [eə]	**wore** [ɔː]	**worn** [ɔː]	tragen *(Kleidung)*
(to) **win**	**won** [ʌ]	**won** [ʌ]	gewinnen
(to) **write**	**wrote**	**written**	schreiben

Grammatische Begriffe (Grammatical terms)

adjective ['ædʒɪktɪv]	Adjektiv, Eigenschaftswort	*good, big, red, expensive, ...*
adverb ['ædvɜːb]	Adverb, Umstandswort	
adverb of frequency ['friːkwənsi]	Adverb der Häufigkeit, Häufigkeitsadverb	*always, often, never, ...*
adverb of indefinite time [ɪn'defɪnət]	Adverb der unbestimmten Zeit	*already, ever, just, never, ...*
adverb of manner ['mænə]	Adverb der Art und Weise	*badly, happily, well, ...*
adverbial of place	Umstandsbestimmung des Ortes, Ortsangabe	*Sophie lives **in Bristol**.*
adverbial of time	Umstandsbestimmung der Zeit, Zeitangabe	*I get up **at 8 o'clock**.*
article ['ɑːtɪkl]	Artikel, Geschlechtswort	
auxiliary (verb) [ɔːg'zɪliəri]	Hilfsverb	***has** put; **don't** see; **can** sing*
clause element ['klɔːz‿elɪmənt]	Satzglied	► subject, verb, object, adverbial
comparison [kəm'pærɪsn]	Steigerung; Vergleich	*old – older – oldest; as old as ... / older than ...*
complement ['kɒmplɪmənt]	prädikative Ergänzung (zum Subjekt)	*Reading is **fun**.*
complex sentence ['kɒmpleks]	Satzgefüge (Verbindung aus Haupt- und Nebensatz)	*I can't come because I'm ill.*
conditional sentence [kən'dɪʃənl]	Bedingungssatz	*If I see Jack, I'll tell him.*
conjunction [kən'dʒʌŋkʃn]	Konjunktion, Bindewort	*and, or, ...; because, if, ...*
contact clause ['kɒntækt klɔːz]	Relativsatz ohne Relativpronomen	*You're the boy **I love**.*
coordinating conjunction [kəʊ,ɔːdɪneɪtɪŋ kən'dʒʌŋkʃn]	nebenordnende Konjunktion, koordinierende Konjunktion	*and, or, but, ...*
countable noun ['kaʊntəbl]	zählbares Nomen	*tree(s), idea(s), child(ren), ...*
definite article [,defɪnət‿'ɑːtɪkl]	bestimmter Artikel	***the** [ðə] bag; **the** [ðɪ] apple*
demonstrative determiner [dɪ,mɒnstrətɪv dɪ'tɜːmɪnə]	Demonstrativbegleiter, hinweisender Begleiter	*this, that, these, those*
demonstrative pronoun [dɪ,mɒnstrətɪv 'prəʊnaʊn]	Demonstrativpronomen, hinweisendes Fürwort	*this, that, these, those*
determiner [dɪ'tɜːmɪnə]	Begleiter	
direct speech [,daɪrekt 'spiːtʃ]	direkte Rede	*'I love Bath.'*
exclamation [,ekskləˈmeɪʃn]	Ausruf, Ausrufesatz	*What a nice cat! / Oh no!*
full verb	Vollverb *(Wortart)*	*go, dance, see, work, ...*
***going to*-future**	Futur mit *going to*	*We**'re going to play** cards.*
***if*-clause**	Nebensatz mit *if*, *if*-Satz	***If I see Jack**, I'll tell him.*
imperative [ɪm'perətɪv]	Imperativ (Befehlsform); Aufforderungssatz	*Listen. Be quiet. Don't talk.*
indefinite article [ɪn,defɪnət‿'ɑːtɪkl]	unbestimmter Artikel	***a** bag; **an** apple*
indirect speech ['ɪndərekt, 'ɪndaɪrekt]	indirekte Rede	*He says he loves Bath.*
infinitive [ɪn'fɪnətɪv]	Infinitiv (Grundform des Verbs)	*(to) close, (to) see, (to) sit, ...*
irregular verb [ɪ,regjələ 'vɜːb]	unregelmäßiges Verb	*(to) go – went – gone*
main clause [meɪn]	Hauptsatz	*If I see Jack, **I'll tell him**.*
main verb	Hauptverb, Vollverb *(Teil des Prädikats)*	*I can **sing**. / We didn't **play**.*
modal (auxiliary) [,məʊdl‿ɔːg'zɪliəri]	modales Hilfsverb, Modalverb	*can, could, must, ...*
negative statement [,negətɪv 'steɪtmənt]	verneinter Aussagesatz	*I don't like bananas.*
noun [naʊn]	Nomen, Substantiv	*Dan, boy, sister, time, ...*
object ['ɒbdʒɪkt]	Objekt	*Jo is writing **a letter**.*
object form	Objektform (der Personalpronomen)	*me, you, him, her, it, us, them*
object question	Objektfrage, Frage nach dem Objekt	*Who did you talk to?*
***of*-phrase** ['ɒv freɪz]	*of*-Fügung	*the name **of the street***

part of speech [ˌpɑːt‿əv ˈspiːtʃ] **(= word class)**	Wortart	► noun, verb, adverb, preposition, ...
past participle [ˌpɑːst ˈpɑːtɪsɪpl]	Partizip Perfekt (3. Form des Verbs)	*cleaned, seen, done, ...*
past progressive [ˌpɑːst prəˈgresɪv]	Verlaufsform der Vergangenheit	*At 7.30 we **were having** dinner.*
personal pronoun [ˌpɜːsənl ˈprəʊnaʊn]	Personalpronomen (persönliches Fürwort)	*I, you, he, she, it, we, ...; me, you, him, her, it, us, ...*
plural [ˈplʊərəl]	Plural, Mehrzahl	
positive statement [ˌpɒzətɪv ˈsteɪtmənt]	bejahter Aussagesatz	*I like oranges.*
possessive determiner [pəˌzesɪv dɪˈtɜːmɪnə]	Possessivbegleiter (besitzanzeigender Begleiter)	*my, your, his, her, its, our, your, their*
possessive form [pəˌzesɪv ˈfɔːm]	*s*-Genitiv	*Jo's brother; my friend's car*
possessive pronoun [pəˌzesɪv ˈprəʊnaʊn]	Possessivpronomen (besitzanzeigendes Pronomen)	*mine, yours, his, hers, ours, yours, theirs*
preposition [ˌprepəˈzɪʃn]	Präposition	*after, at, in, next to, over, ...*
present perfect [ˌpreznt ˈpɜːfɪkt]	*present perfect*	***I've made** a cake for you.*
present progressive [ˌpreznt prəˈgresɪv]	Verlaufsform der Gegenwart	*Jack **is having** lunch.*
pronoun [ˈprəʊnaʊn]	Pronomen, Fürwort	
quantifier [ˈkwɒntɪfaɪə]	Mengenangabe	*much/many, some/any, ...*
question [ˈkwestʃən]	Frage(satz)	
question tag [ˈkwestʃən tæg]	Frageanhängsel	*The song is great, **isn't it?***
question word	Fragewort	*who, what, why, how, ...*
regular verb [ˌregjələ ˈvɜːb]	regelmäßiges Verb	*(to) help – helped – helped*
relative clause [ˌrelətɪv ˈklɔːz]	Relativsatz	*The boy **who lives here** ...*
relative pronoun [ˌrelətɪv ˈprəʊnaʊn]	Relativpronomen	*who, which, that, whose*
sentence type [ˈsentəns taɪp]	Satzart	► positive/negative statement, question, imperative, exclamation
***s*-genitive** [ˈes ˌdʒenətɪv]	*s*-Genitiv	*Jo's brother; my friend's car*
simple past [ˌsɪmpl ˈpɑːst]	einfache Form der Vergangenheit	*Yesterday Dan **helped** Jo.*
simple present [ˌsɪmpl ˈpreznt]	einfache Form der Gegenwart	*I often **go** to school by bus.*
singular [ˈsɪŋgjələ]	Singular, Einzahl	
statement [ˈsteɪtmənt]	Aussage(satz)	*I like pop. / I don't like jazz.*
subject [ˈsʌbdʒɪkt]	Subjekt	***Jo** is writing a letter.*
subject form	Subjektform (der Personalpronomen)	*I, you, he, she, it, we, they*
subject question	Subjektfrage, Frage nach dem Subjekt	*Who likes bananas?*
subordinate clause [səˌbɔːdɪnət ˈklɔːz]	Nebensatz	***If I see Jack**, I'll tell him.*
subordinating conjunction [səˌbɔːdɪneɪtɪŋ kənˈdʒʌŋkʃn]	unterordnende Konjunktion, subordinierende Konjunktion	*after, because, if, that, till, when, ...*
uncountable noun [ʌnˈkaʊntəbl]	nicht zählbares Nomen	*bread, tea, money, time, ...*
verb [vɜːb]	Verb	► full verb, main verb
verb [vɜːb] **(= verb phrase)**	Prädikat	*Reading **can be** fun.*
***will*-future** [ˈwɪl fjuːtʃə]	Futur mit *will*	*My sister **will be** 16 soon.*
word class [ˈwɜːd klɑːs] **(= part of speech)**	Wortart	► noun, verb, adverb, preposition, ...
word order [ˈwɜːd‿ɔːdə]	Wortstellung	
yes/no question	Entscheidungsfrage	*Are you 13? Do you like judo?*

Lösungen

p.6 **1A, 2C, 3B**

p.7
1 Subjekt: **The Kapoors**; Objekt: **a shop**; Umstandsbestimmung: **at 13 Paul Road**
2 Subjekt: **Dilip**; Objekt: **his parents**; Umstandsbestimmung: **in the mornings**
3 Subjekt: **Dan and Jo**; Objekt: **new pencil cases**; Umstandsbestimmung: **for school**

p.9
1 Where do you live?
2 What is Jack doing?
3 Does Ananda like football too?
4 Can you play the piano too?

p.10/1
1 **A** Who helps his parents?
B Who does Dilip help?
2 **A** Who feeds Sheeba?
B Who does Sophie feed?

p.10/2
1 Prunella doesn't like Emily because Emily **isn't nice to Sophie.**
2 Sophie feeds Sheeba every morning before she **goes to school.**
3 Jack says that **he hates sport.**

p.11 **1A, 2B, 3A, 4B**

p.12/1
2 (Dan and Jo play football **in the park on Sundays.**)

p.12/2
1 Dilip usually helps his parents on Sundays.
2 Ananda took the hedgehog babies slowly into the yard.
3 We always do our homework quickly.

p.16
1 Susan is ill. She **must** stay at home.
2 But she can get up – she **needn't** stay in bed.
3 She **mustn't** go outside. It's too cold.

p.19 a)
1 I like tennis. Dan **likes** football.
2 We play football. Ananda **plays** hockey.
3 My dog **eats** meat. Rabbits eat carrots.

p.19 b)
1 Does Jo hate sport?
2 Do the twins live in Bristol?
3 Does Dilip love football?

p.20 a) (he/she/it) teaches • misses • pushes • does • passes • goes • catches

p.20 b) (he/she/it) tries • flies • copies • tidies • worries • hurries

p.22 a)
A: 3, 5, 6 (missing, pushing, sleeping)
B: 2, 7, 9 (coming, dancing, writing)
C: 1, 4, 8 (swimming, sitting, stopping)

p.22 b)
1 What's Sophie watching on TV?
2 What's Ananda doing?
3 Where's Prunella playing tennis?

p.23 **1B, 2A, 3A, 4B, 5B**

p.25 a)
1 I **didn't** watch TV last night.
2 Jo **didn't** take photos last Saturday.
3 Jack **didn't** make **his bed** this morning.
4 Dan **didn't play** football yesterday.

p.25 b)
1 **Did** Dan **come** home late?
2 What **did** you do?
3 **Did Ananda like the film?**

p.26
A: 3, 5, 9 (helped, laughed, played)
B: 1, 2, 6 (argued, danced, liked)
C: 8, 11, 12 (planned, shopped, stopped)
D: 4, 14, 15 (hurried, tidied, worried)
E: 7, 10, 13 (met, ran, took)

p.27
1 (At 3 o'clock on Sunday afternoon Ananda was following Mr Green.)
5 (At 7 o'clock last night Dan and Jo weren't playing football. They were working.)
6 (Sophie was watching TV when suddenly there was a loud noise in the kitchen.)

p.28
1 Mr Carter-Brown has just washed the car.
2 Dan hasn't eaten his breakfast yet.
3 The twins have already made their beds.

p.29 a) written • seen • gone • taken • given

p.29 b)
1 **Has** Ananda come back yet?
2 **Have** you ever **eaten crocodile**?
3 **Has Jo made his bed** yet?

p.30
1 Emily **cycled** to school last Wednesday.
2 Jo **has** already **installed** the new software.
3 I **have** never **eaten** crocodile before.
4 Yesterday Jack **played** tennis with Jo.
5 Ananda **flew** to New York last summer.
6 Dilip **hasn't done** his homework yet.

p.31
1 Dan **is going to play football** this afternoon. And Jo? What **is** Jo **going to** do?
2 Jo **is going to take photos** for a brochure.

p.32
1 Come and visit me! I'm sure you'**ll like** it here.
2 You don't know Susan? Well, you'**ll meet** her at our party.
3 My mother **will be** 40 next year.
4 I don't think you'**ll get** a lot of money for your old computer.

p.33 **1B, 2A, 3F, 4E, 5C, 6D**

p.35
A: 5, 6 (days, desks)
B: 3, 7 (boxes, hutches)
C: 1, 2 (activities, bodies)
D: 8, 9 (wives, wolves)
E: 4, 10 (children, women)

p.36
1 Singular: eine Schwester
2 Plural: mehrere Schwestern
3 Plural: mehrere Lehrer/innen
4 Singular: ein/e Lehrer/in
5 Plural: mehrere Hamster
6 Singular: eine Katze

p.40
1 How **many** e-mails do you get every week?
2 How **much** chocolate do you eat every week?
3 How **much** pocket money do you get?
4 My brother doesn't have **many** friends.
5 We don't eat **much** meat at home.
6 I haven't got **many** DVDs.

p.41
1 We've got **some** chocolate, but there aren't **any** biscuits.
2 We don't need **any** fruit, but we need **some** cheese.
3 Can I have **some** milk, please? – Sorry, there isn't **any** milk. Would you like **some** juice?

p.43
1 Monty is **as old as** Sandy. Rex is **older than** Monty and Sandy. Rex is the **oldest**.
2 The cat is **faster than** the hamster. The horse is **the fastest**.
3 The CD player is **as expensive as** the MP3 player. The TV is **more expensive than** the CD player. The computer is the **most expensive**.

p.44
1 My grandfather always drives **carefully**.
2 He packed his school bag **quickly** and ran to the bus.
3 We were very **sad** when our cat died.
4 The weather is **horrible**. Let's stay at home.
5 Ananda is a **good** player, but she isn't the best in the team.
6 I can play the piano very **well**.

p.48
1 If you're free tomorrow, **will you help** me in the garden?
2 If you **don't have** time, I **will ask** Steve.
3 We can go to the cinema this evening if there **is** a good film.

p.49
1 If we **had** more time, we would look at some more sights.
2 If we **knew** his number, we could phone him.
3 I **wouldn't** wear that awful hat if I **were** you.

p.50
1 I like films **which** tell a good story.
2 What's the name of the boy **who** helps in his parents' Bed & Breakfast?
3 Ananda is the girl **who** lives above a shop.
4 I found a shop **which** sells cheap CDs and DVDs.

p.51
1 (Here are the CDs you wanted.)
2 (The bike you bought me is great.)
4 (Is that the boy you don't like?)

In diesem Teil des Heftes – dem **Skills**-Teil – sind wichtige **Lern- und Arbeitstechniken** zusammengestellt.

Die Beispiele und Tipps helfen dir

– beim **Erlernen von Methoden**,

– bei der Arbeit mit **Hör- und Lesetexten**,

– beim **Sprechen und Schreiben**,

– bei der **Mediation (Sprachmittlung)**.

Meist findest du am Ende der Abschnitte eine kleine Aufgabe, mit der du überprüfen kannst, ob du die Technik richtig anwenden kannst. Auf den Seiten 76–77 kannst du überprüfen, ob du die Aufgaben richtig gelöst hast.

Inhalt

Skills

Study and language skills

1 *Stop – Check – Go*

Du hast bei den Hausaufgaben mehr Fehler gemacht als dir lieb sind?
Du bist nicht sicher, ob du alles richtig mitbekommen hast?
Ihr schreibt demnächst eine Englischarbeit?
In diesen und ähnlichen Fällen ist es Zeit für ***STOP – CHECK – GO.***

■ *Stop*

Mindestens einmal pro Unit, besser häufiger.

■ *Check*

Frage dich, ob du den Stoff der letzten Tage und Wochen verstanden hast. Was alles zum Stoff einer Unit gehört, kannst du im Inhaltsverzeichnis deines Englischbuches nachschauen – oder du fragst deine/n Lehrer/in.

Themen, Inhalte

Kann ich mich mit anderen über Haustiere/ Sport/Hobbies/Mode/... unterhalten?

Kann ich ausdrücken, dass ich etwas gut/ nicht gut finde? Kann ich es begründen?

Vokabeln

Kann ich alle neuen Wörter schreiben und aussprechen?

Weiß ich, was sie bedeuten?

Grammatik

Habe ich verstanden, was ich mit der neuen Grammatik ausdrücken kann?

Kann ich die neuen grammatischen Formen bilden und anwenden?

Der **Checkpoint im *Workbook*** hilft dir am Ende jeder Unit bei der Überprüfung. Dort findest du auch Testaufgaben.

■ *Go*

Was kannst du besser machen? Frag deine/n Lehrer/in um Rat oder probier die folgenden Vorschläge aus.

Tipp

Probleme mit den Vokabeln?

- Schreib die „schwierigen" Wörter auf Karteikarten oder male ein Bild dazu – und probier die anderen Methoden zum Wörterlernen aus. ▸ *Wörter lernen (p. 62)*
- Lass dich von jemandem abhören.
- Mach die WORDS-Übungen in deinem Englischbuch oder im *Workbook* noch einmal.

Probleme mit der Grammatik?

- Schau noch einmal ins *Grammar File* deines Englischbuches – oder in den Grammatikteil dieses *Grammar and Skills*-Heftes.
- Mach die Grammatikübungen in deinem Englischbuch oder im *Workbook* noch einmal.
- Lass dir Dinge, die du nicht verstanden hast, von deinem Partner/deiner Partnerin erklären oder frag deine/n Lehrer/in.

Probleme mit dem Inhalt?

- Lies dir die *A-Section* der Unit noch einmal durch. Schreib dir dann (bei geschlossenem Buch) Stichpunkte auf.
  ▸ *Notizen machen (p. 71) / Mindmaps (p. 64)*
- Mach die *Getting by in English*-Übungen im *Practice-Teil* deines Englischbuches.
- Benutze Hilfsmittel, z.B. die *Listening*-CD zum Schülerbuch oder das *Workbook*.

2 Wörter lernen (Learning words)

Vokabeln kann man auf unterschiedliche Weise lernen und wiederholen. Nicht jede Methode eignet sich für jeden gleich gut – du musst ausprobieren, welche Möglichkeit die beste für dich ist.

Bevor du weiterliest, überlege, welche Möglichkeiten des Vokabellernens du kennst.

Vokabeln lernen mit dem *Vocabulary*

Im ***Vocabulary*** deines Englischbuches sind die neuen englischen Wörter und Wendungen aufgelistet, die du lernen musst. Sieh dir die erste Seite des *Vocabulary* gut an – dort wird erklärt, wie es aufgebaut ist.

Schritt 1:

(to) **watch TV** [tiːˈviː]	fernsehen	TV = television [ˈtelɪvɪʒn] ! **im** Fernsehen = **on** TV: a good film **on TV**
after that	danach	First I feed the pets. **After that** I have my breakfast.

- Lies das englische Wort laut.
- Lies dann die deutsche Übersetzung in der mittleren Spalte.
- Beachte auch die Hinweise oder Beispielsätze in der rechten Spalte.
- Mach dies zunächst mit etwa 7–10 Wörtern.

Schritt 2:

Teste dich, ob du die Wörter weißt. Geh Zeile für Zeile durch.

- Deck die mittlere Spalte ab und sag die deutsche Übersetzung.
- Nun deckt die linke und die rechte Spalte ab. Sag die englischen Wörter.
- Versuch auch den Beispielsatz zu nennen.

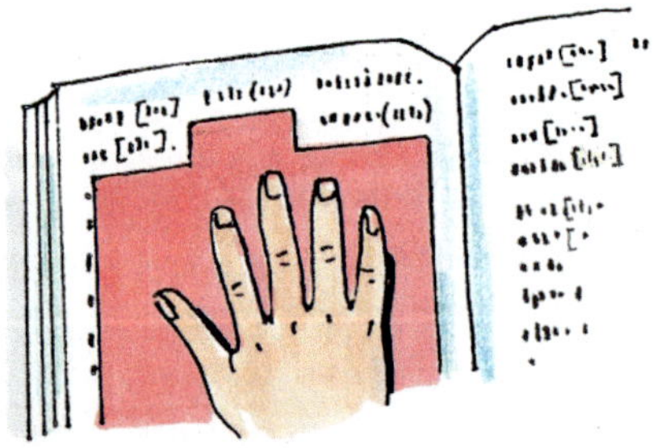

So kannst du dir eine Lernhilfe zum Abdecken der Spalten basteln:

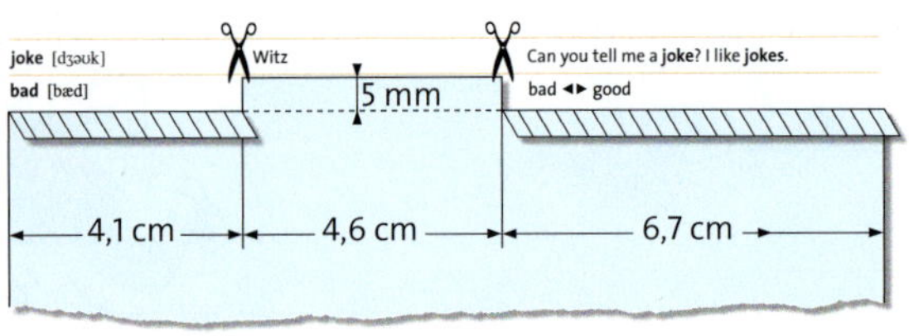

englisch – deutsch

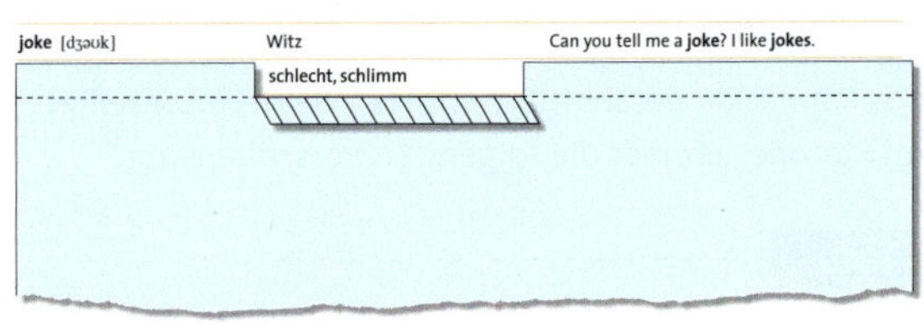

deutsch – englisch

Tipp

- Lerne immer 7–10 Wörter auf einmal.
- Lerne neue und wiederhole „alte" Vokabeln regelmäßig. Lieber jeden Tag 5–10 Minuten als einmal pro Woche 2 Stunden.
- Wiederhole die gelernten Vokabeln einmal pro Woche.
- Es macht mehr Spaß, wenn du die Vokabeln mit jemandem zusammen lernst. Ihr könnt euch gegenseitig abfragen.

Abschreiben erwünscht!

Viele Schüler/innen lernen Vokabeln gut, wenn sie sie aufschreiben.

▪ Dreispaltiges Vokabelheft

Leg ein Vokabelheft (mindestens DIN A5) mit drei Spalten an:
- Links das englische Wort, daneben die deutsche Übersetzung.
- Achte darauf, dass du die Wörter richtig abschreibst.
- In die dritte Spalte schreibst du einen Beispielsatz. Oft steht im *Vocabulary* ein Beispielsatz, den du abschreiben kannst. Du kannst auch ein Bild malen.
- Lies die geschriebenen Wörter noch einmal laut.

▪ Elektronisches Wörterverzeichnis

Es gibt Computerprogramme, die dich beim Üben und Wiederholen wie ein „Vokabeltrainer" unterstützen. Du kannst dazu dein *e-Workbook* und den *English Coach* benutzen.

▪ *Networks* und *mind maps*

Sammle und ordne Wörter in Wortgruppen – zum Beispiel mit einem Wörternetz (*network*).
Auch Mindmaps eignen sich zum Sammeln und Ordnen von Wortschatz. ▸ *Mindmaps (p. 64)*

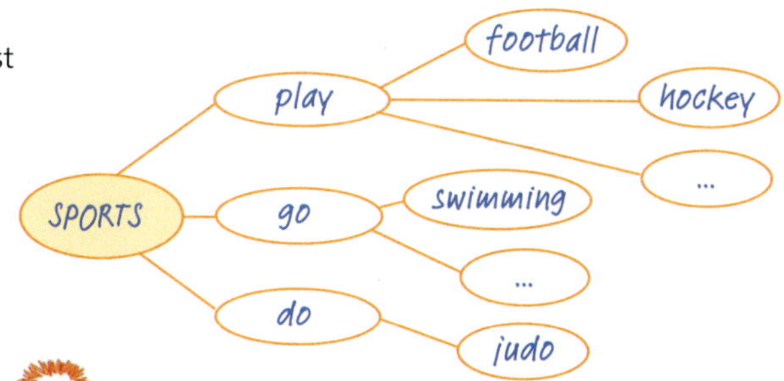

▪ Persönliches „Bilderbuch"

Zeichne eine kleine Skizze zu einem neuen Wort.
Oder zu Wortpaaren, z.B. Gegensätzen.

▪ Karteikarten

Auf die Vorderseite schreibst du das englische Wort mit einem Beispielsatz, auf die Rückseite die deutsche Übersetzung. Diese Karteikarten kannst du in einem Kasten sammeln (siehe unten).

Vorderseite Rückseite

Weißt du, welche der hier genannten Methoden am besten für dich ist? Wenn nicht, dann probiere es aus.

Alles im Kasten – Vokabeln lernen mit einem Karteikasten

Mit einem Karteikasten kann man prima Vokabeln lernen. Nimm dazu eine Pappschachtel und unterteile sie in fünf unterschiedlich große Fächer.

Schritt 1: Du beschriftest die Karteikarten wie oben erklärt. Die Karteikarten kommen dann in das erste Fach. Nach kurzer Zeit ist dieses Fach voll. Nimm dann den Packen heraus und wiederhole ihn.

Schritt 2: Die Vokabeln, die du beherrschst, kommen in das nächste Fach. Die Vokabeln, die du nicht kannst, wiederholst du noch einmal. Steck sie dann ins erste Fach zurück.

Schritt 3: Nach einiger Zeit wird auch das zweite Fach zu voll. Vokabeln, die „sitzen", wandern ein Fach weiter. Steck Vokabeln, die du vergessen hast, wieder zurück ins erste Fach.

Schritt 4: So wandern die Karten Schritt für Schritt bis ins 5. Fach. Wenn du sie nach einiger Zeit wiederholst und immer noch beherrschst, kannst du sie herausnehmen, denn fünfmal gekonnt ist wirklich gekonnt!

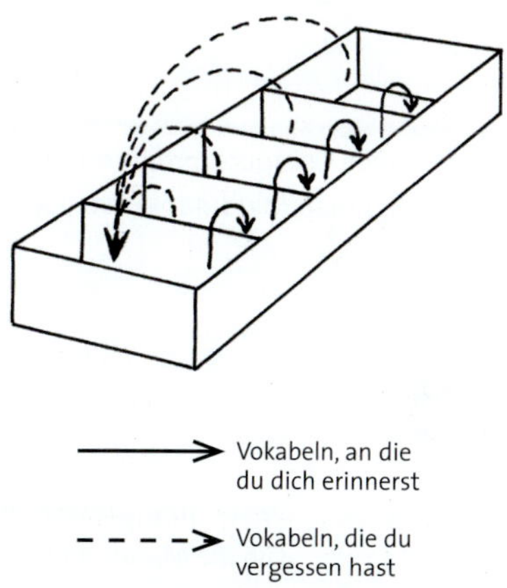

3 Mindmaps 1: 2

Wozu sind Mindmaps gut?

Wenn du etwas vortragen sollst oder einen Text schreiben willst – z.B. zum Thema „Schule" –, dann gibt es verschiedene Möglichkeiten, deine Ideen zu sammeln und zu ordnen. Viele Schüler/innen können gut mit Mindmaps arbeiten.

Weißt du noch, wie man eine Mindmap anlegt? Überlege erst, bevor du weiterliest.

Wie lege ich eine Mindmap an?

Du brauchst ein leeres, unliniertes Blatt Papier im Querformat und Stifte in verschiedenen Farben.

1. Schreib das **Thema** in die Mitte des Blattes. Male einen Kreis oder eine Wolke drum herum.

2. Überleg dir, welche **Oberbegriffe** zu deiner Sammlung von Ideen passen. Verwende unterschiedliche Farben für diese **Hauptäste**.

3. Ergänze jede Idee, die zu einem Oberbegriff passt, auf einem **Nebenast**. Nimm dafür nur wichtige **Schlüsselwörter** – möglichst Nomen oder Verben.

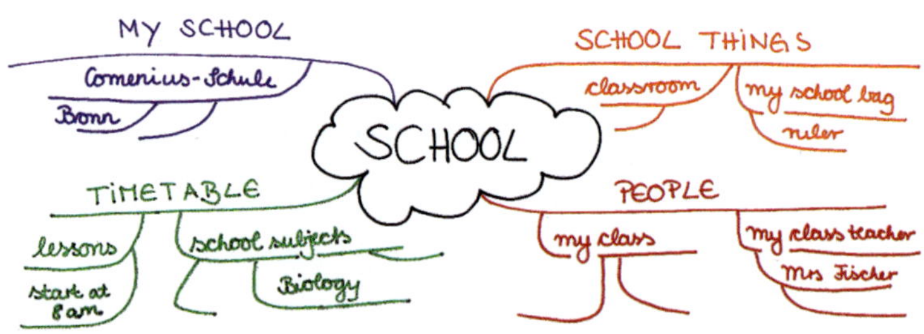

Du kannst statt Wörtern auch Zahlen oder Symbole verwenden und Bilder ergänzen.

Es gibt auch Computerprogramme, mit denen man Mindmaps erstellen kann.

1 *Stell dir vor, du möchtest einen Text über deinen Lieblingssport schreiben. Sammle Ideen und ordne sie in einer Mindmap* **My favourite sport**. *Welche Begriffe könntest du auf die Hauptäste schreiben?*

2 *Wenn du deine Mindmap fertiggestellt hast, schreibe einen Text über deinen Lieblingssport. Gib die Mindmap und den Text deinem Lehrer/deiner Lehrerin und bitte ihn/sie, deinen Text zu korrigieren.*

4 Unbekannte Wörter verstehen (Understanding new words) 1: 5

Du liest einen englischen Text und kennst einige Wörter nicht?
Schlag sie nicht gleich im Wörterbuch nach. Das kostet viel Zeit und kann dir den Spaß am Lesen nehmen. Oft kannst du die Bedeutung von Wörtern selbst herausfinden.

Was hilft mir, unbekannte Wörter zu verstehen?

1. **Bilder** sind eine große Hilfe. Sie zeigen oft die Dinge, die du in einem Text nicht verstehst. Wenn es also Bilder zum Text gibt, dann schau sie dir vor dem Lesen genau an.

2. Oft hilft dir der **Kontext** – das sind die Wörter, die um das unbekannte Wort herum stehen.
Kannst du im Beispiel rechts aus dem Zusammenhang verstehen, was helmet *und* protect *bedeuten? (Achte auf die unterstrichenen Wörter!)*

> When you ride your bike, you should wear a **helmet** to **protect** your head. It is much safer that way.

3. Manchmal stecken in unbekannten Wörtern **bekannte Teile**.
Was bedeuten wohl die Wörter rechts?

> bus stop • (to) disagree • hilly • musician • unhealthy

4. Es gibt viele englische Wörter, die **im Deutschen ähnlich** geschrieben werden oder ähnlich klingen.

> alcohol • anorak • canal • microphone • opera • record • tolerant

5. Andere englische Wörter kannst du vielleicht verstehen, weil sie einem Wort aus einer **anderen Sprache** ähnlich sind.

> difference • final • population • royal • souvenir

1 *Überlege, was die **fett** gedruckten Wörter bedeuten könnten.*

> The museum in my hometown is showing many famous Italian **paintings** at the moment.
>
> Soon after the accident, an **ambulance** arrived and took the driver to hospital.
>
> My parents don't like loud music, so I use my **headphones** when I listen to music.

2 *Und was könnten diese Wörter bedeuten? (Schau dir noch einmal die Tipps oben an – welcher Tipp hilft bei welchem Wort?)*

> **beginning** • **electricity** • **great-grandmother** • (to) **organize** • **paradise** • (to) **prepare** • **talent** • **way of life**

5 Wörter nachschlagen (Looking up words) 1: 3

Nimm an, du stolperst beim Lesen über ein Wort, das du noch nicht kennst oder vergessen hast. Oder du möchtest nachsehen, wie man es richtig ausspricht.
Dann hilft dir das ***English-German Dictionary*** [1] am Ende deines Englischbuches.

Wie benutze ich das *Dictionary*?

1. Die blau gedruckten Stichwörter (**favourite**, **February**, ...) sind alphabetisch angeordnet (also **f** vor **g**, **fa** vor **fe** und **fla** vor **flo**).
2. Beachte auch die schwarz hervorgehobenen Untereinträge (**my favourite colour**, **be fed up (with sth.)**, ...).
3. Zusammengesetzte Wörter und längere Ausdrücke findest du oft unter mehr als einem Stichwort, z.B. **in the field** unter **in** und auch unter **field**.
4. In den eckigen Klammern hinter den Stichwörtern steht, wie das jeweilige Wort ausgesprochen und betont wird.
5. Die Ziffern **1.**, **2.** usw. zeigen, dass das englische Stichwort mehrere unterschiedliche Bedeutungen hat.
6. Es ist wichtig, immer den <u>ganzen</u> Eintrag zu lesen. Oft findest du zusätzliche Hinweise, z.B. auf
   - besondere Pluralformen
   - Änderungen der Schreibweise, z.B. Doppel-t bei **fit** – **fitting**.

favourite ['feɪvərɪt] Lieblings- I
my favourite colour meine Lieblingsfarbe I
February ['februəri] Februar I
fed [fed] *siehe* **feed** • **be fed up (with sth.)** [ˌfed‿'ʌp] die Nase voll haben (von etwas) II 2 (28)

field [fi:ld] Feld, Acker, Weide II 4 (58) • **in the field** auf dem Feld II 4 (58/154)
file [faɪl]: **background file** *etwa:* Hintergrundinformation II (3)
grammar file *Grammatikanhang* I
skills file *Anhang mit Lern- und Arbeitstechniken* I

fireworks *(pl)* ['faɪəwɜ:ks] Feuerwerk(skörper) II 5 (79)
first [fɜ:st]
1. erste(r, s) I
2. zuerst, als Erstes I
be first der/die Erste sein I
fish, *pl* **fish** [fɪʃ] Fisch I
fit (-tt-) [fɪt] passen I
°**flag** [flæg] Flagge, Fahne
°**flash** [flæʃ]: **in a flash** blitzartig, wie der Blitz
flat [flæt] Wohnung I

[1] Du findest auch ein ***German-English Dictionary*** am Ende deines Englischbuches. Es kann dir eine erste Hilfe sein, wenn du vergessen hast, wie etwas auf Englisch heißt.

Nimm dein English-German dictionary *und beantworte folgende Fragen:*

1 *Wo findest du das Wort* short – *zwischen* sell *und* ship *oder zwischen* ship *und* silver?
2 *Schlage* dead *und* dear *nach. Wie spricht man das „ea" in den beiden Wörtern aus?*
3 *Auf welcher Silbe liegt die Betonung bei* chocolate?
4 *Welcher Buchstabe wird bei* cupboard <u>*nicht*</u> *gesprochen?*
5 *Welche Präposition steht beim Verb* happen? *Wie fragst du also auf English „Was geschah Jane?"*

6 Bilder beschreiben (Describing pictures) 2: 1

Was? – Wie? – Wo?

■ **Was?**
Sag zuerst, was du beschreiben willst:
a photo · **a painting** · **a poster** · **a drawing**

■ **Wie?**
Geh bei der Beschreibung in einer bestimmten Reihenfolge vor, z.B. von links nach rechts, von oben nach unten oder vom Vordergrund zum Hintergrund.

■ **Wo?**
- Um zu sagen, wo etwas abgebildet ist, benutze:
  at the top/bottom · **in the foreground/background** · **in the middle** · **on the left/right**
- Du kannst diese phrases auch kombinieren:
  at the bottom on the left · **at the top on the right**
- Diese Präpositionen sind hilfreich:
  behind · **between** · **in front of** · **next to** · **under**

Sieh dir das Foto an und schreib eine Bildbeschreibung. Mach dir vorher Notizen.

▸ *Notizen machen (p. 71)*

Gib die Bildbeschreibung deinem Lehrer/ deiner Lehrerin und bitte ihn/sie, deinen Text zu korrigieren.

Tipp

Benutze das ***present progressive***, wenn du sagen willst, was auf dem Bild gerade passiert:
*Sophie **is sitting** ...* *They**'re** all **talking** to ...*

7 Multiple-Choice-Aufgaben 2: 3

Bei Multiple-Choice-Aufgaben werden mehrere Antworten zur Auswahl angeboten, von denen in der Regel nur eine richtig ist.

Worauf sollte ich bei Multiple-Choice-Aufgaben achten?

- Lies die Frage genau durch.
- Deck die angebotenen Lösungen zunächst mit Papier ab. Überlege, was die richtige Antwort sein könnte. Wenn deine Antwort auch als Lösung angeboten wird, ist es wahrscheinlich die richtige Antwort.
- Aber lies immer erst alle angebotenen Lösungen, bevor du dich endgültig entscheidest.
- Sprich dir die Sätze mit den verschiedenen Lösungsmöglichkeiten leise vor. Manchmal hört man heraus, was richtig ist.
- Wenn es heißt, dass nur eine Antwort richtig ist, dann achte darauf, dass du nur **eine** ankreuzt.
- Wenn du alle Aufgaben bearbeitet hast, geh noch einmal zu den Fragen zurück, bei denen du unsicher warst.

Kannst du die Multiple-Choice-Aufgabe rechts lösen? (Es ist immer nur eine Antwort richtig.)

1 When you get a multiple choice task ...
- **A** decide very quickly which answer is correct.
- **B** read all the answers before you decide.
- **C** try to read your neighbour's answers before you decide.

2 After you have done the task ...
- **A** give the worksheet to your parents.
- **B** ask your neighbour for help.
- **C** go back to those questions that you found difficult.

3 These tips can help you with multiple choice questions:
- **A** Cover the answers with a piece of paper before you start; think about each question first.
- **B** Have a pencil and a ruler ready.
- **C** Sit next to a good pupil who can tell you the right answers.

8 Präsentationen (Presentations) 1: 6

Worum geht es bei einer Präsentation?

Die Ergebnisse einer Einzel- oder Gruppenarbeit sollen der ganzen Klasse vorgestellt werden. Wie erreichst du, dass alle gern und aufmerksam zuhören?
Notiere dir in Stichworten, wie du diese Frage beantworten würdest, bevor du weiterliest.

Eine gute Präsentation

- **Vorbereitung**

– Notiere die wichtigsten Gedanken zu deinem Thema in Stichworten, z.B. auf nummerierten Karteikarten oder als Mindmap.
▸ *Notizen machen (p. 71) / Mindmaps (p. 64)*

– Bereite ein Poster oder eine Folie mit Stichworten zu den wichtigsten Fakten vor. Das macht deinen Vortrag interessanter, und deine Zuhörer/innen können dir besser folgen.
Unbekannte Wörter schreibst du an die Tafel (oder auf die Folie). Schreib groß und gut lesbar.

– Übe deine Präsentation laut zu Hause vor einem Spiegel oder mit einem Partner/einer Partnerin. Das gibt Sicherheit. Sprich dabei laut und langsam.

- **Durchführung**

– Bevor du beginnst, häng das Poster auf und sortiere deine Vortragskarten. Stell dich vor deine Zuhörer und warte, bis es ruhig ist. Schau die Zuhörer an.

> My presentation is about ... First, I'd like to talk about ... Second, ...

– Erkläre zu Anfang, worüber du sprechen wirst. Sprich langsam. Weise auf die unbekannten Wörter und ihre Bedeutung hin. Lies nicht von deinen Karten ab, sondern sprich frei.

> Here are some new words. ... is ... in German.

– Wenn du ein Poster oder eine Folie benutzt, zeig während des Vortrags auch darauf, damit deine Zuhörer/innen wissen, über welche Teile du schon gesprochen hast und welche noch folgen.

> This picture shows ...

- **Schluss**

– Sag, dass deine Präsentation zu Ende ist. Frag die Zuhörenden, ob sie noch Fragen haben.

> That's the end of my presentation. Have you got any questions?

– Bedank dich fürs Zuhören.

> Thank you.

1 *Schau dir noch einmal die Stichworte an, die du ganz am Anfang notiert hast. Fehlten einzelne Schritte? Dann ergänze sie.*

2 *Sieh dir jetzt die Zeichnung oben rechts genauer an. Decke dabei den Rest der Seite ab. Was macht das Mädchen alles falsch?*

Listening and reading skills

9 Hörverstehen (Listening) 2: 3

Allgemeine Tipps

Bevor es losgeht:
Frag dich, was du schon über das Thema weißt und worum es in dem Hörtext wohl gehen wird.

Und beim Hören:

1. Achte auf die **Stimme** der Sprecher/innen:
   Wie jemand etwas sagt, verrät dir viel darüber, **was** die Person sagt.
   – Klingt er oder sie fröhlich, traurig, aufgeregt, gelangweilt ...?
   – Was wird besonders **betont**? Das ist wichtig!

2. Auch **Nebengeräusche** sind eine Hilfe:
   Du hörst einen pfeifenden Wasserkessel? Dann weißt du, dass sich der Dialog, den du hörst, in der Küche abspielt.
3. **Und vor allem:**
   Lass dich nicht verunsichern, wenn du mal einen Satz oder ein Wort nicht verstehst. Das geht jedem so!

Die Höraufgabe

Worauf sollst du achten?
Es gibt verschiedene Arten von Höraufgaben:
– Manchmal musst du nur **ganz allgemein** verstehen, worum es geht.
– Manchmal sollst du auch **Einzelinformationen** und **Details** heraushören.

Wenn du auf Details achten sollst:

1. **Bereite dich gut vor.**
   Lies die Aufgabe zum Hörtext gut durch und bereite deine Notizen vor. Leg z.B. eine Tabelle oder Liste an.
2. **Und wenn du eine wichtige Information nicht verstehst:**
   Keine Panik! Denk an die Aufgabe und hör weiter zu. Oft werden wichtige Informationen wiederholt.
3. **Aufgepasst!**
   Die Informationen, die du suchst, kommen vielleicht in einer anderen Reihenfolge vor, als du erwartest.

Notizen machen: gewusst wie!
– Mach während des Hörens nur kurze, stichwortartige Notizen.
– Verwende Symbole, wenn es geht. Das spart Zeit.
– Nach dem Hören kannst du deine Notizen ergänzen.

▸ *Notizen machen (p. 71)*

Tipp

Je mehr englische Texte du dir anhörst, desto besser wirst du sie mit der Zeit verstehen!
Schaust du gern DVDs? Manche DVDs kann man auch mit englischem Ton ansehen.

Schau dir die Aufgaben 1–4 an. Bei welchen Aufgaben sollst du Details heraushören? Wo geht es um das allgemeine Verständnis?

1. *Listen to David and find out what his problem is.*
2. *Listen to the four people on the CD. Make a chart and take notes about where they live.*
3. *Listen to the woman on the CD. What kind of show is she talking about?*
4. *Emily and her three cousins are talking about boys. Listen to them. Find out who is sad and who isn't.*

10 Texte nach bestimmten Informationen absuchen (Scanning) 2: 3

Du musst gar nicht immer den ganzen Text lesen, wenn du nur bestimmte Informationen brauchst. Stattdessen kannst du den Text nach Schlüsselwörtern *(key words)* absuchen und dann nur die Stellen lesen, wo die Schlüsselwörter stehen.

Scanning – wie gehe ich vor?

Schritt 1: Bevor du auf den Text schaust
Denk an das Schlüsselwort, nach dem du suchst. Es hilft dir, wenn du es aufschreibst.

Schritt 2: Das Schlüsselwort im Text finden
- Geh mit den Augen sehr schnell durch den Text. Denk dabei an das Schriftbild oder das Bild des Schlüsselwortes, nach dem du suchst. Das gesuchte Wort wird dir sofort „ins Auge springen".
- Du kannst auch mit dem Finger in breiten Schlingen oder Bewegungen wie bei einem „S" von oben bis unten durch die Mitte des Textes gehen.
- Wenn du das Schlüsselwort gefunden hast, lies nur dort weiter, um Näheres zu erfahren.

Probier das Scanning *am Text über Flusspferde aus.*

1 *Suche nach der ersten fehlenden Information (Schlüsselwort:* lives*). Trage die Information in eine Kopie der Tabelle ein.*

2 *Suche dann den Text nach den anderen drei fehlenden Informationen ab und vervollständige nach und nach die Tabelle.*

	the hippo
lives	
eats	
how old?	
enemies	

The Hippopotamus

The hippopotamus, often called "hippo", is a big animal which lives in Africa.
It does not eat meat – it only eats plants. Hippos live near rivers and lakes, usually in groups of about 40 animals. They sleep a lot during the day and go looking for food during the night.
A male hippo can weigh over 3,000 kg. Female hippos are smaller – they weigh between 1,300 and 1,500 kg. Hippos are about 3.5 metres long and 1.5 metres high. They live to be quite old, usually to between 40 and 50 years.
Hippo babies are born under water, and they have to swim to the surface to get air. A hippo mother usually only has one baby at a time. In deep water, hippo babies usually ride on their mothers' backs.
Although hippos are large animals with short legs, they can run and swim very fast. They look friendly, but they are dangerous animals and can get very aggressive. Hippos do not have many enemies, but sometimes crocodiles and lions try to catch hippo babies.
Some scientists say the closest living relatives of hippos are whales.

11 Texte markieren (Marking up texts) 2: 5

Wann sollte ich einen Text markieren?

Du hast einen Text mit vielen Fakten vor dir liegen und sollst später über bestimmte Dinge berichten. Dann wird es dir helfen, die für dich wichtigen Informationen im Text zu markieren.

Wie gehe ich am besten vor?

Lies den Text und markiere nur die für dein Thema **wichtigen Informationen**.
Nicht jeder Satz enthält für deine Aufgabe wichtige Wörter, und oft reicht es aus, nur ein oder zwei Wörter in einem Satz zu markieren.

Wichtige Wörter kannst du

- einkreisen
- farbig unterstreichen
- mit einem Textmarker hervorheben.

! Markiere nur **in deinen eigenen Büchern.**

12 Notizen machen (Taking notes) 1: 4

Worum geht es beim Notizenmachen?

Wenn du dir beim Lesen oder Zuhören Notizen machst, kannst du dich später besser erinnern – z.B. wenn du etwas vortragen willst oder einen Bericht schreiben sollst.

Tipp

- Verwende Ziffern (z.B. **7** statt **seven**).
- Verwende Symbole und Abkürzungen, z.B. ✓ (für „Ja") und + (für „und") oder GB für **Great Britain**, A für **Ananda**.
  Du kannst natürlich auch eigene Symbole erfinden.
- Verwende not oder ✗ statt **doesn't** oder **don't**.

Stell dir vor, du hast die Aufgabe, etwas über Katie Melua herauszufinden und der Klasse kurz über die Sängerin zu berichten.
Du hast den Text rechts gefunden.

1 ***Markiere** die Informationen, die für deine Aufgabe wichtig sind.*

2 *Mache dir **Notizen** für deinen Kurzbericht.*

Katie Melua
Katie Melua's real name is Ketevan Melua. She was born in Kutaisi, Georgia, in 1984. When she was a young girl, she lived in the capital Tbilisi with her grandparents, her parents and her younger brother. In 1993, the family moved to Belfast, Northern Ireland, where her father – a doctor – worked at the Royal Victoria Hospital. Later the family moved to England. Katie Melua can speak three languages: Georgian, Russian and English. In 2000, at the age of 15, she took part in a talent competition on British television called *Stars Up Their Noses*. She won the competition with a song called *Without You* by the group *Badfinger*. Today, Katie Melua writes her own songs.

Speaking and writing skills

13 Ein Gespräch führen (Having a conversation) 2: 6

Wie kann ich mich freundlich auf Englisch unterhalten?

Wenn du dich auf Englisch unterhalten willst, helfen dir ein paar einfache Redewendungen:

1. Fang nett an ...	2. ... und antworte nicht nur mit einem Wort.	3. Zeig, dass du wissen willst, was die anderen denken ...	4. ... und erzähle etwas von dir.	5. Verabschiede dich freundlich.
Hello! **How are you?** **Can I sit with you?**	**Fine, thank you.** **Yes, of course.** **Yes, it is.** **No, I can't.** **Yes, thank you.**	**What about you?** **And you?** **What do you think?** **Do you like...?**	**I'm interested in ...** **I often ...** **I like ... very much.**	**Bye then.** **See you later.** **See you tomorrow.** **Goodbye.**

Am folgenden Beispiel kannst du sehen, welchen Unterschied es macht, ob man diese Redewendungen verwendet oder nicht.

a) Jan aus Mainz ist Austauschschüler in England und spricht mit Jenny, der Tochter seiner Gasteltern.

*Jenny*____ Hi Jan.
*Jan*______ Hi.
*Jenny*____ Is this your first time in England?
*Jan*______ Yes.
*Jenny*____ When did you arrive?
*Jan*______ Yesterday.
*Jenny*____ Mmm ... Do you like music and dancing?
*Jan*______ Yes.
*Jenny*____ Well ... would you like to come to the student disco this evening?
*Jan*______ OK.
*Jenny*____ Well, let's meet at 7 pm then.
*Jan*______ OK.
*Jenny*____ Bye then, Jan.
*Jan*______ Bye.

b) Malte ist auch zum ersten Mal in England.

*Debbie*___ Hi Malte.
*Malte*___ Oh, hi Debbie.
*Debbie*___ Is this your first time in England?
*Malte*___ Yes, it is. It's really great here.
*Debbie*___ When did you arrive?
*Malte*___ We arrived yesterday. So I'm a bit tired.
*Debbie*___ Do you like music and dancing?
*Malte*___ Oh yes, I like music a lot. What about you?
*Debbie*___ Me too! Well ... would you like to come to the student disco this evening?
*Malte*___ Yes, that sounds great.
*Debbie*___ Well, let's meet at 7 pm then.
*Malte*___ OK. Thank you.
*Debbie*___ See you later.
*Malte*___ Bye, Debbie. See you.

14 Interessante Texte schreiben (Writing interesting texts) 2:1 / 2:4 / 2:5

Structuring a text – Texte gliedern

Ein Text ist viel besser zu verstehen, wenn er nicht einen „Textbrei“, sondern mehrere Absätze enthält.

Die **Hauptteile eines Textes** sind:

- die **Einleitung** ***(beginning)***
  Hier schreibst du, wovon dein Text handelt.
- der **Mittelteil** ***(middle)***
  Hier schreibst du mehr über dein Thema.
- der **Schluss** ***(end)***
  Hier bringst du den Text zu einem interessanten Ende.

Topic sentences – Sagen, worum es geht

Kurze, einleitende Sätze ***(topic sentences)*** am Anfang jedes Absatzes sind gut, weil die Leser und Leserinnen dann sofort wissen, worum es jetzt geht.

Folgende Wendungen sind nützlich für *topic sentences*:

1. Orte: **... is famous for ... / ... is a great place. / There are lots of reasons to visit ...**
2. Personen: **... is/was one of the greatest/most interesting ...**
3. Aktivitäten: **... is great fun. / Lots of people ... every day.**

Linking words – Sätze gut miteinander verbinden

Eine Geschichte klingt interessanter, wenn die einzelnen Sätze gut miteinander verbunden sind.
Dazu verwendest du ***linking words*** (Bindewörter), z.B.

1. *time phrases*: **at 7 o'clock**, **a few minutes later**, **suddenly**, **then**, **next**, **...**
2. Konjunktionen: **or**, **but**, **because**, **before**, **when**, **if**, **...** .

Lies dir den Text über den Film Ratatouille *einmal durch. Dann schreib den Text in dein Heft –* ***aber beachte****:*

1 *Es fehlen die* ***Absätze****! Unterteile den Text in vier Absätze: eine* ***Einleitung****, einen* ***Mittelteil*** *mit zwei Absätzen, einen* ***Schluss****.*

2 *Mit diesen* **linking words** *kannst du den Text verbessern. Wo passen sie am besten hin?*

at the beginning • when • later • in the end • so

3 *Unterstreiche abschließend in jedem Absatz den* **topic sentence**.

Ratatouille is a cartoon film about a rat called Rémy who lives in Paris and who wants to be a great cook. He is a clever rat who has a very exciting life. Rémy lives together with lots of other rats in a big country house. An old woman discovers Rémy and his friends, all the rats run away. He lives in a restaurant in Paris, where he helps the cook's assistant, Linguini, to cook wonderful meals. Rémy hides under Linguini's white hat and pulls his hair to show him what to do. Rémy and his friend Linguini open a restaurant for rats and people. The film was directed by Brad Bird and came out on June 29, 2007 in the United States. The most difficult thing for the computer artists was to make the food look delicious. Bird asked a lot of cooks in the United States and in France for help. If you want to enjoy a funny film which your parents will also like, go and watch **Ratatouille**.

15 Texte überarbeiten, Fehler korrigieren (Revising texts, correcting mistakes) 2: 6

Warum sollte ich einen Text überarbeiten?

Ein Text ist noch nicht „fertig“, wenn du beim Schreiben am Ende angelangt bist. Du solltest ihn noch mehrmals durchlesen. (Wenn du mit einem Partner/einer Partnerin arbeitest, könnt ihr eure Texte auch gegenseitig korrigieren.)

- Lies den Text noch einmal, um zu sehen, ob er **vollständig** und **gut verständlich** ist.
- Lies ihn erneut, um ihn auf **Fehler** zu überprüfen. Das können unterschiedliche Fehler sein:

  Wortfehler, z.B. bei Präpositionen →

am Bahnhof	– **at** the station
am Himmel	– **in** the sky
am Strand	– **on** the beach

  Grammatikfehler, z.B. ***-s*** bei der 3. Person Singular oder die ***-ed***-Endung bei Verben im *simple past*.

  Rechtschreibfehler.

  ▸ *Stop – Check – Go (p. 61)*

Tipp

Lerne Wörter immer mit der dazugehörigen **Präposition** – nicht nur **beach**, sondern **on the beach**, nicht nur **wait**, sondern **wait for**.

Wie erkenne ich Rechtschreibfehler *(spelling mistakes)*?

Lies deinen Text langsam, Wort für Wort, Buchstabe für Buchstabe. Wenn du unsicher bist, hilft dir ein Wörterbuch. ▸ *Wörter nachschlagen (p. 66)*

Einige ***spelling mistakes*** kannst du vermeiden, wenn du Folgendes beachtest:

Tipp

Einige Wörter haben Buchstaben, die geschrieben, aber nicht gesprochen werden,
z.B. **answer**, **grandma**.

Manchmal ändert sich die Schreibweise, wenn ein Wort eine Endung erhält,
z.B. **run + ing → running**; **plan + ed → planned**,
z.B. **take + ing → taking**; **grumble + ed → grumbled**,
z.B. **happy + ly → happily**; **fly + s → flies**.
(**aber:** **stay + s → stays**).

Beim Plural tritt manchmal nicht nur *-**s*** hinzu, sondern *-**es***,
z.B. **box → boxes**; **potato → potatoes**.

Der Text rechts enthält 15 Fehler.

Lies ihn dir mehrmals durch.
Achte auf
- ***Rechtschreibung***
- ***Grammatik***
- ***Wortwahl.***

Polly has got a parot friend called Gerda. It's Gerdas birthday soon, and Polly wants to sent her a birthday cart – and a letter. So Polly sits down and writes Gerda a letter.
Polly knows that she has to rivise her text and correct her mistakes. She dosn't really enjoy this job, but she knows that she has to read the letter more then once to find al her mistake. First she looks for spelling mistakes and corrects them. Then she looks for gramar mistakes. She has to look to the grammar file in her Englisch book. That help her a lot. Now she can send the letter to Gerda. Polly felts good – 'Gerda will like me letter,' she thinks.

Mediation skills

16 Mediation 2: 2

Was ist „Mediation“?

Manchmal musst du helfend eingreifen, wenn Sprecher verschiedener Sprachen aufeinandertreffen.
Das nennt man **Mediation** (oder **Vermittlung**, manchmal auch **Sprachmittlung**).

1. Du gibst **englische Informationen auf Deutsch** weiter: Du bist z.B. mit deiner Familie in Großbritannien, und deine Eltern oder Geschwister wollen wissen, was jemand gesagt hat oder was auf einer Informationstafel steht.

2. Du gibst **deutsche Informationen auf Englisch** weiter: Ihr habt z.B. eine Austauschschülerin aus England oder Dänemark zu Gast, die kein Deutsch spricht.

3. In der Schule musst du manchmal in einem englischen Text nach Informationen suchen und diese auf Deutsch wiedergeben. Oder du sollst Informationen aus einem deutschen Text auf Englisch wiedergeben.

Worauf muss ich achten?

Übersetze nicht alles wörtlich, gib nur das Wesentliche weiter. Du kannst Unwichtiges weglassen und Sätze anders formulieren.

Tipp

- Verwende kurze und einfache Sätze.
- Wenn du ein Wort nicht kennst, umschreibe es oder ersetze es durch ein anderes mit ähnlicher Bedeutung.

Bei dir wohnt Greta, eine Gastschülerin aus Schweden. Ihr sprecht Englisch miteinander.
Deine kleine Schwester Jana spricht noch nicht gut Englisch, hat aber viele Fragen an Greta.

Deine Schwester möchte wissen,

- wo Greta lebt,
- ob sie Geschwister hat,
- welche Hobbies Greta hat.

Kannst du den beiden helfen, sich miteinander zu unterhalten? Schreib das Gespräch auf:

Und Greta erzählt:

- 'We live near Stockholm – in a small house with a garden.'
- 'Oh yes, I have! We're a big family: I've got two brothers – they're older than me – and two younger sisters.'
- 'Well, I go swimming a lot. And I love American films. ... Did you know that on Swedish TV all the films are shown in the original version? The people in American films speak English, not Swedish! That's why my English is quite good, I think.'

Where in Sweden do you live, Greta? – (Greta) *We live near Stockholm – in a small house ...*
Greta sagt, dass sie ... And Greta, have you got any ...?

Lösungen

p.65 **4 Unbekannte Wörter verstehen**

1 **paintings** *Gemälde*
ambulance *Krankenwagen*
headphones *(pl) Kopfhörer*

2 **beginning** *Anfang, Beginn*
electricity *Elektrizität*
great-grandmother *Urgroßmutter*
(to) **organize** *organisieren*
paradise *Paradies*
(to) **prepare** *vorbereiten*
talent *Talent*
way of life *Lebensweise, Lebensart*

p.66 **5 Wörter nachschlagen**

1 sell – ship – **short** – silver
2 **dead** [ded] • **dear** [dɪə]
3 Betonung auf der ersten Silbe:
chocolate [ˈtʃɒklət]
4 Das „p" wird nicht gesprochen:
cupboard [ˈkʌbəd]
5 (to) **happen to: What happened to Jane?**

p.67 **6 Bilder beschreiben**

In the middle of the picture there's a statue. Dan and Jo are on the right, and on the left you can see Jack and Ananda. Sophie is at the bottom of the picture. She's sitting in front of the statue and looking at Jack and Ananda. They're all talking to each other. The children and the statue are in the foreground, and in the background there are some houses and a tree.

p.67 **7 Multiple-Choice-Aufgaben**

1B, 2C, 3A

p.68 **8 Präsentationen**

2 Das Mädchen spricht nicht frei, sondern liest alles ab.
Sie verwendet keine Karteikarten mit Stichworten, sondern einen viel zu langen Zettel mit viel zu viel Text.
Sie schaut ihre Zuhörer/innen nicht an.
Sie verwendet kein Poster und keine Folie.
→ Ihr Vortrag ist langweilig und die Zuhörer/innen schlafen ein.

p.69 **9 Hörverstehen**

Aufgaben 1 und 3: allgemeines Verständnis
Aufgaben 2 und 4: Detailverständnis

p.70 **10 Texte nach bestimmten Informationen absuchen**

The hippo:

lives	in Africa; near rivers and lakes; in groups of about 40 animals
eats	plants
how old?	40 to 50 years
enemies	crocodiles and lions try to catch babies (sometimes)

p.71 **11/12 Texte markieren / Notizen machen**

Katie Melua

Katie Melua's real name is Ketevan Melua. She was born in Kutaisi, Georgia, in 1984. When she was a young girl, she lived in the capital Tbilisi with her grandparents, her parents and her younger brother. In 1993, the family moved to Belfast, Northern Ireland, where her father – a doctor – worked at the Royal Victoria Hospital. Later the family moved to England.
Katie Melua can speak three languages: Georgian, Russian and English. In 2000, at the age of 15, she took part in a talent competition on British television called *Stars Up Their Noses*. She won the competition with a song called *Without You* by the group *Badfinger*.
Today, Katie Melua writes her own songs.

Notes:
- real name Ketevan Melua
- born Georgia, 1984
- young girl: lived in Tblisi
- 1993 family → Belfast; later England
- speaks three languages
- at 15: won competition
- writes her own songs

p.73 **14 Interessante Texte schreiben**

Ratatouille is a cartoon film about a rat called Rémy who lives in Paris and who wants to be a great cook.

He is a clever rat who has a very exciting life. At the beginning, Rémy lives together with lots of other rats in a big country house. When an old woman discovers Rémy and his friends, all the rats run away. Later he lives in a restaurant in Paris, where he helps the cook's assistant, Linguini, to cook wonderful meals. Rémy hides under Linguini's white hat and pulls his hair to show him what to do. In the end Rémy and his friend Linguini open a restaurant for rats and people.

The film was directed by Brad Bird and came out on June 29, 2007 in the United States. The most difficult thing for the computer artists was to make the food look delicious. So Bird asked a lot of cooks in the United States and in France for help.

If you want to enjoy a funny film which your parents will also like, go and watch Ratatouille.

p.74 **15 Texte überarbeiten, Fehler korrigieren**

Polly has got a parrot friend called Gerda. It's Gerda's birthday soon, and Polly wants to send her a birthday card – and a letter. So Polly sits down and writes Gerda a letter.
Polly knows that she has to revise her text and correct her mistakes. She doesn't really enjoy this job, but she knows that she has to read the letter more than once to find all her mistakes.
First she looks for spelling mistakes and corrects them. Then she looks for grammar mistakes. She has to look at the grammar file in her English book. That helps her a lot.
Now she can send the letter to Gerda. Polly feels good – 'Gerda will like my letter,' she thinks.

p.75 **16 Mediation**

– Where in Sweden do you live, Greta?

...

Greta sagt, dass sie in der Nähe von Stockholm in einem kleinen Haus mit Garten wohnen.

– And Greta, have you got any brothers and sisters?

...

Ja, sie sind eine große Familie: Sie hat zwei ältere Brüder und zwei jüngere Schwestern.

– What are your hobbies, Greta?

...

Greta geht gern schwimmen, und sie mag amerikanische Filme. Sie sagt, dass in Schweden die Filme im Fernsehen im Original gezeigt werden und dass sie deshalb so gut Englisch spricht.

Register (Index)

Die Ziffern bezeichnen die **Abschnitte des *Grammar*-Teils** (nicht die Seitenzahlen).
Beispiel: *a lot of* 32.1 → Zu *a lot of* findest du etwas im Abschnitt 32.1.
(K = Kontrast-Abschnitt, ! = Abschnitt mit Warnsymbol)